コウノトリのいるデンマークは幸せの国？

―本と映画で北欧の旅―

福地　晶子

文芸社

はじめに

思いがけないことがきっかけになり、同じメンバーで海外旅行をするようになりました。それは、学生時代の友人である梅田紀子さんと、吉津尚子さんの三人で、イギリス旅行をしたのが始まりです。八年前のことでした。

翌年アイルランドに行き、次は北欧に行くことで意見が一致し、二〇一四年のフィンランドを皮切りに、スウェーデン、ノルウェー、デンマークと旅してきました。

この本は、私たち三人の北欧の旅、最後の地デンマークを中心にまとめたものです。

私は、これまでに、梅田さんや吉津さん以外の友人や、また娘や姪、孫たちといったグループで、数多くの海外旅行を経験してきました。

初めての渡航は、四十数年も前のことで、ドイツのミュンヘンに二年間滞在したことがあります。海外への渡航がまだ珍しい時代でしたが、ミュンヘンに到着したその日の翌日には、私はもう語学学校に通っておりました。これは海外の小説を読み、洋画をたくさん見ていたために、容易に異国の地に溶け込むことができたものと思われます。


あれから数十年たち、いつも同じころに、同じメンバーで旅行するという、ルーティンを持ったことは、日々の生活に拠りどころを与えてくれています。

ある日、旅の計画作りをしていると、「私たちの旅」も満更ではないと思えてきました。

そこで、北欧四ヶ国をまわり終えたところで、この「私たちの旅」を書いておこうと思いたち、最も記憶の新しいデンマークから書き始めました。


このデンマーク旅行の翌年に、私たちはポーランドに行きました。

ポーランドに出発する三日前に、私は偶然にも、『別れの曲』という古いドイツ映画を見に行きました。ショパンのワルシャワ出府と、パリでの初期を描いた映画です。

ショパンは遺言で、せめて、心臓だけでもポーランドに返してほしいと言っています。

そのショパンの心臓が埋められているという、聖十字架教会を訪れ、また生家のあるジェラゾヴァ・ヴォラの小さな村を訪れたとき、映画を先に見ていた私は、ショパンのふるさとに対する強い思いを感じることができました。

また、北欧旅行の前年には、アイルランドに行きました。北アイルランドの、ベルファストに行った時のことです。ピースラインというカトリック系住民と、プロテスタント系住民を分ける壁があるのです。この壁のある通りには、北アイルランド紛争で獄中死したボビー・サンズの壁画など、たくさんの壁画が並んでいました。

髙村薫の小説『リヴィエラを撃て』や、映画『シャドー・ダンサー』などを見て、IRA（アイルランド共和軍）の悲劇的なイメージが定着していた私は、神妙な面持ちでこれらの壁画を眺めたものです。

ところが、デンマーク旅行の翌年に読んだ小説、エイドリアン・マッキンティの『コールド・コールド・グラウンド』と『アイル・ビー・ゴーン』を読んで、北アイルランドの異なった面を知りました。小説の詳細は省きますが、あの時の、壁画をただただ、悲壮な思いだけで見ていた当時の私のことを、おかしく思い出したとだけ言っておきましょう。

このように、本で読んだことや映画で見たことが、私の旅の計画作りに影響を与えたり、また旅の後の記憶を新たにしたり、深めたりしています。

例えばケネス・ブラナー監督の『ベルファスト』を見たのは、アイルランド旅行から七年後のことですが、また一つアイルランドに対する考えが深まったと思えたものです。

またヘザー・モリスの「アウシュヴィッツのタトゥー係」を読んだときには、次回の旅行先はスロヴァキアの首都ブラチスラバから、ハンガリーのブダペストに行こうと決めました。こんな風に、本と映画と海外旅行は、私にとって、長年にわたり一つのセットとして常にあるものです。

そこで、その本や映画を通して、訪れた街のことを書くことにしました。

なお、スウェーデンの夏至祭は、印象深い体験であったことと、デンマークとの歴史的なつながりも面白く覚えて、ここに付け加えることにしました。

また、鉄道ファンなら、一度は乗ってみたいと思う、ノルウェーのベルゲン急行と、フロム鉄道についても記しておきました。

目次

デンマーク

ミステリ小説と列車でめぐる旅

スケーエン
ユトランド半島
オーフス
ヘルシンオア
シェラン島
コペンハーゲン
エスビャオ
フレデリシア
リーベ
フュン島
ロスキレ
オーデンセ
ドイツ

第一章　オーフス　――ディクテと歩くデンマーク第二の都市

ディクテとはエルスベツ・イーホルム作『赤ん坊は川を流れる』（創元推理文庫）の主人公、新聞記者のディクテ・スヴェンスンのことである。

二〇一七年六月七日、私たちは関西空港を出発した。オーフス空港からバスで五〇分、中央駅に着いた時には、もう夜の九時を過ぎていた。北欧の国ではこの時間でもまだ薄明るく、駅舎もよく見ることができる。

しかし、駅舎の印象が違っていた。ディクテの本ではこんなふうに描写されていたのだ。――街のそこここに走る黄色いバス、黄色い石造りに改装されたピカピカの駅、空港バスが待つ中、横断歩道をせわしなく渡る人々を、吸い込んだ。彼女が大好きな、この小さい大都会の雑踏を。オーフスの香りと音とさわやかさを。田舎と都会の雰囲気のごった煮を。

確かに黄色いバスは走っていた。鮮やかな黄色。だが、これは黄色だろうかと、しげしげと駅舎を眺めた。むしろ駅舎は茶色っぽく見え、オーフス駅＝ピカピカ、黄色という私のイメージとは異なり、少しばかり困惑してしまったのだ。ともあれ、デンマークで初めて出会った建物がこの駅舎である。ここからデンマーク鉄道に乗って旅を始めるのだ。

またこの本には次のような描写もある。

――「リッツホテル」トーステンが答える。

「駅前の。悪くはないが、好みから言うと、個性がないかな」

――駅前広場の「カフェ・リッツ」はずっと前に「バーガーキング」になってしまった…

これは実在していた。リッツホテルもバーガーキングも。私たちはリッツホテルの斜め向かいにあるザ・メイヤーという、リッツよりも少し格の落ちると思われるホテルに、二泊の予約を入れてあった。ホテル・リッツを敬遠したのは、ディクテの「本」のなかに次のような場面があったからである。

――〈バーガーキング〉の前をこっそり通り過ぎ、デンマークの田舎町らしくなく、シルクのシーツとパリを思わせる、ホテル・リッツの入口で……

チェック・インしたホテルの部屋から、目の前に市庁舎の時計塔が見える。部屋のつくりもこざっぱりとしており、思っていたよりはよいホテルだった。

このようにして、私たちのデンマーク旅行は始まったのであった。

六月八日。

前日の長いフライトや乗り継ぎの疲れもなく、私たち三人は九時過ぎにホテルを出た。駅舎の方に目を向けると、昨夜バスで到着したのは駅舎の西出口の、広場ともいえない小さな場所で、そのために思い描いていた印象と違っていたのである。

最初に、ホテルの部屋から見えた市庁舎に行くことにした。

ここの広場に、［豚の泉］と呼ばれる親子豚の像があり、これがまた大きかった。何しろデンマークの養豚業は世界一で、世界の輸出高の五分の一を占めているというのだから、豚の像もこのように大きくなるわけである。

この市庁舎はデンマークの誇るデザイン界の雄アーネ・ヤコブセン（一九〇二〜一九七

一年）の設計になる、七〇年以上の歴史を持つ建物である。アーネ・ヤコブセンはデンマークだけではなく、北欧モダンの第一人者であり、最後に訪れる予定地、コペンハーゲン郊外のベルビュー・ビーチの建築群も手がけている。

市庁舎の内部は、ロビーホールのみ入場が認められており、組木作りの床と白い壁に囲まれた、ほんとうに明るい、気持ちのよい空間である。そこでは、イヴェントの準備をしている思われる数人が、大きなパネルを取り付ける作業を行っていた。

ここでオーフスの観光地図や、パンフレットが手に入ると旅行書にあったので、先ずここに立ち寄ることに決めていた。観光案内所は廃止されたという。ところが、である。市庁舎で入手できたのは、手のひらに入るほどの大きさで、それを広げても三〇センチ四方の地図に、少しの説明が付いただけのもので、聖堂や市庁舎の説明さえないのであった。あとは配置しているオンラインパネルを見てくださいというわけだ。インターネットを使えない私は、ぶつぶつ文句を言いながらオーフス大聖堂に向かった。

さて、鉄道駅から真っ直ぐに伸びる二本のメインストリートの先にあるのが街のシンボル、オーフス大聖堂である。ここが街の中心で、駅からは一キロもなく、歩いて一〇分もかからない。市庁舎を出た私たち三人は、一部が歩行者専用道路になっているメインストリートを歩いた。同行の梅田さんが、「ここがホントにデンマーク第二の都市ね」と聞いてくるほどに、通りは人の姿もまばらで、開いている店もほとんどなかった。

デンマークは首都コペンハーゲンのあるシェラン島、アンデルセン生誕の地オーデンセのあるフュン島、ドイツと隣接する一番大きいユトランド半島、この三つの島とその他五〇〇余りの島からなり、全部を合わせても九州をやや大きくした程度の小さな国で、人口も五七〇万人余りである。トランプ前大統領がグリーンランドを買収かというニュースを耳にしたことがあったが、グリーンランドはデンマークの自治領だ。デンマーク国民が五万人以上住んでいるという。この小さな国が、自国の五〇倍以上もある世界最大の島を持っているのである。

オーフスはユトランド半島のほぼ中央、オーフス湾沿いにあり、半島の文化、産業の中心地である。人口は約三三万人で、デンマークで二番目に大きな都市だ。すでに九四八年には、教会のある集落として知られていたという。

これがどれくらい古いかと言えば、そもそもデンマークは、ヴァイキングが活躍した八

○○年ごろから歴史時代は始まる。九五八年に没したゴーム老王がデンマーク王朝の始祖とされており、ユトランド半島中部のイェリングに王朝を築いた。ゴーム老王の子ハーラル青歯王（在位　九三五〜九八五年頃）は、父母を記念するために巨大なルーン石碑をイェリングに建てた。ルーン文字とは、ヴァイキング時代の古代文字のことで、この石碑はデンマーク国家のルーツとして、日本のデンマーク大使館にレプリカが設置されているという。

後にハーラル青歯王は、神聖ローマ皇帝オットー二世との戦いに敗れ、イェリングからロスキレへ居を移した。

なぜハーラル一世は、青歯王と呼ばれていたのだろうと考えているうちに、もう大聖堂前の広場に出た。この広場は扇形に広がるすり鉢の底に当たるらしいが、坂道を下ってきたという感じはしない。しかし、どこからもオーフス湾を見ることができない。ほんの一○○メートル向こうはもう海だというのに。やはり鉢の底にいるのだろうか。

ところが、実はオーフス湾は大聖堂のすぐそばに見ることができたのである。この旅から二年後の、二〇一九年に北ドイツ旅行をしたおりに、出発地をオーフスとした。列車でハンブルクに入り、北ドイツを廻るという計画を立てたのであった。これは鉄道好きの私にとって大正解の計画作りとなった。北ドイツでは、最も長く列車に乗ったのは、ハンブルクからベルリンまでの二時間足らずであった。しかし、オーフスからハンブルクまでは、ユーロシティーで約四時間半かかる。これくらいの時間をかけて国境駅を越え、ドイツに入ったことは、私にとってはよい旅の始まりになったのである。また、北欧とヨーロッパの違いなども、列車の窓から感じることができたのであった。

そういったわけで、オーフスで半日、二度目の観光をした。大聖堂と、「女性博物館」を再訪したのである。

オーフス大聖堂は、デンマークで唯一海辺に建てられた聖堂で、船乗りたちの守護聖人、聖クレメントに捧げられている。聖人のシンボルである錨が西の塔にあり、

オーフス大聖堂

百数段の螺旋階段を上れば見ることができるが、エレベーターはなく、階段を上るのは諦めた。

　しかし、海辺の聖堂を思わせるものがあった。聖堂内の北の翼廊の上に三本マストの木造の船、「ユニティー」が吊り下がっているのだ。いわゆる奉納船といわれるもので、中世の頃この風習は始まったとされている。

　オーフス大聖堂の奉納船「ユニティー」が何故ここにあるのか、はっきりとは分かっていないが、一七二〇年、一〇人の市民と二人の地方からやってきた若者が奉納したということは知られている。ユニティーはデンマークで最も大きい奉納船で、長さ八×一一フィート七インチの船である。

奉納船

その大きな奉納船が、大聖堂内の身廊の左手にゆらりとぶら下がっているのだ。

オーフス大聖堂

一二〇〇年ごろ、もとの小さい教会のあった場所に、最初はロマネスク様式で建設された。一三三〇年の火災、度重なる増改築を経て一五世紀に入り、現在見られる後期ゴシック様式の、西に二つの小塔と、東に堂々たる尖塔を持つ聖堂が完成した。奥行九三メートルはデンマークで最も長い聖堂で、ロスキレ大聖堂の八六メートルより長い。

ベアント・ノトケ作の祭壇が配置されたのは一四七九年で、これは堂内随一の至宝とされている。その祝祭パネルの中央左手に、聖クレメントの姿が見える。手に持つ錫杖の先にあるのは錨である。

一五八八年に配置された説教壇もまた美しい。著名なミハエル・ファン・クロニンゲン作の典型的なルネッサンス彫刻である。上の天蓋に彫られているのは、これまた聖クレメントのシンボル錨である。彼は壁面のフレスコ画の中にも出てくる。

ステンドグラスが設けられたのは、一九二六年で、作者はノルウェーのグスタヴ・ヴィーゲランである。

二〇一六年に私たち三人は、ノルウェーに行ったのだが、オスロのヴィーゲラン公園にある二一二点に及ぶ彫刻群には吃驚させられた。彫られた人物は全て裸で、六五〇体以上もある。六五〇体の裸像が、公園内にある風景を想像してみて欲しい。どんなに迫力があるものか、強く印象に残る公園なのであった。

祭壇

あのヴィーゲランかと、私たちは囁き合う。デンマークが誇る神学者N・F・Sグロントヴィは、膨大な量の賛美歌と詩を残しているが、その賛美歌の一つ「除夜」に触発されて、このステンドグラスは作られたという。

聖堂内には、デンマーク最大のパイプオルガンもある。

さて、先にあげた本の話にもどろう。本の主人公ディクテ・スヴェンスンは新聞記者である。彼女と学生時代の友人三人が、オーフス川沿いのカフェで、ディクテの誕生祝いをしていたところ、目の前の川に、桶に入れられた赤ん坊が流れてきたというところから、ストーリーは始まる。この事件を担当するのが、オーフス警察署の刑事ジョン・ワグナーである。この刑事、どうやら合唱隊に入っていて、この大聖堂でコーラスの練習をしているらしいのだ。

――歌声はうねりあい絡み合い、教会のアーチ天井まで昇っていった。オーフス大聖堂は、まさにブラームスのレクイエムのために造られたようだ。（傍点筆者）

――彼は歌った。内なる制服が消え失せていき、素の自分になるのを感じる。ジョン・ワグナー刑事ではない、バス担当のジョン・ワグナーだ。警察で〈歌うポリスマン〉と呼ばれているのは、知っていた。

マイケル・ブース氏（註）によると、デンマーク人はスポーツ系の同好会やジョン・ワグナー刑事のように合唱隊に入っていたり、バードウォッチング同好会など、国民一人が平均で三つ以上の組織に属している団体活動好きなのだそうだ（『限りなく完璧に近い人々―なぜ北欧の暮らしは世界一幸せなのか』）。また「お祭りを楽しむのが本当に上手い。パーティーに対して極めて真剣な姿勢で取り組み、お酒に目がなくて、合唱にも献身的に打ち込み…（略）…デンマーク人は仕事と私生活のバランスについて、すがすがしいほどのんびりした考えを持っている」（前著）というのであるから、デンマークは何とも今世紀離れのした人々の暮らす【幸せな国】なのだろうと、私は思ったのだ。

次の目的地「デンマーク女性博物館」を目指す。

オーフス川

デンマーク女性博物館

立派な建物である。一八五七年に市庁舎として建てられたネオ・ルネッサンス様式の外観は当時のままで、エントランスと市議会ホールが一九〇九年に設けられたという。ロビーに二つのステンドグラスが取り付けられたのも、この時である。一つは、後に述べるマルグレーテ一世（一三九五）のもので、もう一つはクリストファ三世（一四四一）を模したステンドグラスである。デンマーク女性博物館として開館したのは一九八四年だ。

主に家庭で使用された調理用具、下着も含めた衣類、育児用の道具などが展示されている。ロビー横に小さな図書室があり、古いカラフルなファッション雑誌を手に取ってページを操ってみた。

二階に上がると、面白い光景が見られた。部屋いっぱいに会議用の大きなテーブルにつく当時の女性リーダー達の会合シーンが、実物大のマネキンと共にセッティングされていたのだ。このマネキンが実によくできていた。イヤホーンを付けて会議の内容を聞くことができて、議事録（一九〇九〜二〇〇九年のもの）も用意されていた。

ところが、二〇一九年に再訪したこの博物館は、ずいぶん勝手が違っていた。マネキンは取り払われ、会議テーブルは片隅に追いやられて、四〇名ほどの人々が何かのレクチャーを受けていたのだ。一階にあった図書室もなくなっていた。受付の近くにあった二人の女性を映した大きなスクリーンが風に揺られて印象的であったのに、これもない。

しかし、二度目に行った時に貰ったパンフレットは、最初の時のものと同じものであった。そこにあのスクリーンに映っていた二人の女性が載っているのである。受付の女性に彼女たちは誰なのか、私のノートに書いてもらった。Mathilde Fibiger という。

マチルデ・フィビガーと発音するらしい。もう一方の女性は知らない？ とのことだった。そして、二年前までの展示物は、市庁舎に行けば見ることが可能だと教えてくれた。

では、マチルデ・フィビガーとは、どのような女性だったのだろうか。

マチルデ・フィビガー（一八三〇〜一八七二年）は、デンマークで最初に女性の人権問題に目を向けた作家であり、婦人参政権論者である。日本で言えば平塚らいてう（一八八六〜一九七一年）のような女性と言えるだろうか。

一八五一年、ロラン島での家庭教師の体験をもとに自伝的小説「クララ・ラファエル一二通の書簡」を二一歳で発表する。作家活動の傍ら、女性の人権問題について発信を続けた。女性にも職業の自由が認められるようになると、通信技手の訓練を受けて、一八六六年、デンマーク初の女性通信技手となった。ヘルシンオアからニュースステッドと転任して、オーフスに赴任してきたのは三九歳の時であった。それから二年後の一八七二年、過酷な仕事や上司との軋轢などにより、健康を損ねて四一歳で亡くなった。

後に、一九七〇年、彼女の功績を顕彰して、「マチルデ賞」が設けられた。これは男女平等の思想促進に顕著な活動をした人に、男女の別なく授与される賞である。

なお、マチルデが願った女性の参政権がデンマークで認められるのは、マチルデ没後四三年後の一九一五年である。

さて、デンマーク女性と言えばマルグレーテ一世について触れておかねばならない。なにしろデンマーク史上で最も注目すべき人物が、このマルグレーテ一世とクリスチャン四世（一五八八～一六四八年）だからである。クリスチャン四世については後で述べる。

マルグレーテ一世

一三五三年、マルグレーテは再興王と呼ばれたヴァルデマー四世（一三四〇～七五年）の六人兄弟の末子として生まれた。一〇歳のときノルウェー王ホーコン六世と結婚し、息子オーロフを得たときは一七歳であった。

ノルウェー王妃として一人息子を育てる若い彼女に転機がやってきた。父デンマーク王の死である。この翌年一三七六年より彼女が没する一四一二年まで、マルグレーテはデンマークの事実上の支配者になるのである。これは三六年もの長きに及んだ。

女性が王位につくことが出来なかった当時のデンマークで、マルグレーテはどのようにして、支配者の座に座り続けることができたのであろうか。

ヴァルデマー四世の死後、王位継承権を持っていたのは、北ドイツのメクレンブルク公爵家に嫁いでいたマルグレーテの姉インゲボーの息子アルブレヒトと、マルグレーテの息子オーロフであった。しかし、ヴァルデマー四世は生前に、メクレンブルク公爵家と、インゲボーの息子を王位につかせると約束させられていた。マルグレーテはメクレンブルク公爵家の機先を制した。王の即位や廃位に発言権を持つ枢密院や、貴族たちにオーロフを王にするように説得した。そして、五歳のオーロフを王位につかせることに成功して、マルグレーテは、これより長く続くことになるデンマークの統治者になったのである。

四年後に夫が没すると、九歳のオーロフはノルウェー王位をも継承した。

それ以後、ノルウェーはデンマークと連合関係に入り、一八一四年まで支配下に置かれた。一三八七年、息子オーロフが一七歳で没するという不幸に襲われるが、早くも一週間後には姉インゲボーの孫エーリク（五歳）を養子に迎え、再びデンマークの支配者に選出された。またスウェーデンにおける貴族と国王の争いに介入して、養子エーリクを一三九六年一月、デンマーク王に、さらに七月、スウェーデン王に即位させることに成功した。

これによりスウェーデンもまた事実上デンマークの支配下に置かれ、それは一五二三年まで続いた。この時マルグレーテは四三歳であった。あの女性博物館のロビーにあったステンドグラスは、ちょうどこの頃の絶頂期のマルグレーテを模したものである。

北欧三国の事実上の統治者になったとは言え、マルグレーテはこれで万全とは考えなかったのではないか。

ノルウェーは世襲君主制のために問題はなかったが、デンマークとスウェーデンでは、領主たちの合議で別の王を選ぶことができた。そこで、マルグレーテは三国をより緊密にするために、一三九七年、カルマル城で三国同盟を結んで、エーリクを同盟の王位に就かせたのである。エーリクはまだ一五歳であった。

マルグレーテは一四一二年一〇月、現在はドイツ領になっているユトランド半島南部の港町でペストにより五九歳で没した。亡くなる直前まで、養子エーリクには実権を渡さなかったという。翌年ロスキレ大聖堂に埋葬された。棺の上にはマルグレーテ一世の像が横たわっているという。この有名なマルグレーテ像はとても美しいものだ。しかし、私が世界の歴史教科書シリーズ『デンマークの歴史教科書』（明石書店）で見たものは、ふっくらとした少し狡猾にも見える容貌で、両者は甚だしく異なって見えた。

なおマルグレーテ一世はオーフス大聖堂の火災後、莫大な資金を寄付したと聖堂の資料に記されているように、教会や修道院などを手厚く保護したという。

マルグレーテ没後、エーリク七世はヘルシンオア封鎖を企てハンザ商人との関係悪化を招き、またスウェーデンとの関係も悪化して、ついに一四三九年廃位させられる。後を継いだのがクリストファ三世である。彼はエーリク七世の甥であり、マルグレーテの姉インゲボーのひ孫である。クリストファ三世には子供がいなかったため、イェリング朝より五〇〇年余り続いた王朝の最後の王となった。これよりオレンボー朝に移るのである。

博物館のロビーにあったもう一つのステンドグラスは、このクリストファ三世を模したものである。北欧の覇者となったマルグレーテと古王朝最後の王を、ステンドグラスにして並べるというのは、なかなかよいアイデアではないか。

それにしても、博物館で貰ったパンフレットに載っていたマチルデ・フィビガーと並んだもう一人の女性が気掛かりであった。しかし、博物館の受付嬢も知らないことを、一介の旅行者が気に病んでもしかたがないと思い、次の目的地に向かった。

オーフス・レジスタンス博物館

ドイツ占領下に置かれた第二次世界大戦中、オーフス警察署はナチス・ゲシュタポの基地であった。その建物が現在の博物館だ。最初のレジスタンス運動に加わったメンバーの遺志を受けて、この博物館は一九八四年に開館した。

まず、第二次世界大戦時のデンマークの立ち位置を確認しておきたい。

一九三九年九月一日、ドイツがポーランドに侵攻して大戦は始まった。この時デンマークはドイツと不可侵条約を締結している。しかし翌一九四〇年四月九日、ヒトラーの軍隊がデンマークに侵攻してきた。ドイツはノルウェーの鉄鉱石を手に入れ、またイギリスへの爆撃基地としてノルウェーを支配下に置くことにした。ノルウェー侵攻のためにはユトランド半島を通らねばならなかったのであった。

ともあれ、最初の三年ほどの間は、ドイツ占領軍に対する市民の抵抗も殆どなく、議会民主主義に基づく政治体制も保たれていた。デンマーク政府はドイツの要請を受けてソ連に派兵したり、「デンマーク共産党」を禁止する法律まで制定している。

一九四三年初め、ドイツの戦運が傾くとレジスタンス運動の機運が高まった。ドイツへの物資を生産する企業へのサボタージュが始まり、ストライキへと発展した。この年の八月デンマーク内閣は解散し、ドイツがデンマークを完全に軍政下に置いた。九月には最初のレジスタンスが死刑判決を受け銃殺された。オーフスでも一二月二日、最初のレジスタントの死刑が執行された。一九四五年五月五日、ドイツ軍はイギリスに降伏して、戦争は終わった。

博物館に展示されているものを見てみよう。コンテナーに入った武器や爆薬が入っていたと思われる袋がある。これはイギリス軍がオーフスのレジスタンスを援助するために、飛行機より投下した時のものである。

抵抗運動には欠かせない電信装置やタイプライターがある。警察署の地下室で行われていた運動員への拷問に使われていた革のマスクなどの用具。当時の市民生活を物語る配給切符やタバコ。魚（カレイ）の皮で作ったサンダルなど。

その他は多くの写真パネルや絵である。六

オーフス・レジスタンス博物館前で

七名ものレジスタンスを密告したGrethe Bartramのパネルの前に立った。二人の兄弟をも密告した彼女は、戦後死刑判決を受けたが一九五六年に釈放されたという。またフレスレウ強制収容所を描いた絵がある。

この収容所はデンマーク側の意向で、ドイツとの国境近くに一九四四年八月半ばに建てられた。今もここは博物館として残されており、見学することができる。

ひときわ目にとまったのは、一つの立体画である。ラーフェンスブリュック強制収容所での生活を描いたものである。ドイツで捕虜となったノルウェー人の集団が、強制収容所へ送られるために行進していた時に、オーフス赤十字の職員が彼らに食べ物とタバコを差し出したという。戦後、収容所から解放されたノルウェー人の一人が、祖国への帰途の途中でオーフスに立ち寄り、感謝の言葉とともにオーフス市に贈ったものである。

ところで、終戦直後のデンマークの一面を描いた映画を見たことがある。デンマーク人監督マーチン・サントフリートの『ヒトラーの忘れもの』で、原題は「LAND OF MINE」(地雷の国)という。二〇一五年に公開された。史実に基づいて映画化されたという。舞台はユトランド半島西海岸の美しい海が広がる真っ白な海辺で、戦後捕虜となったドイツ人少年兵が、埋められた地雷を手作業で取り除くというものだ。

戦時下ドイツ軍は、英米軍の侵攻に備え、おびただしい数の地雷をスカンディナビア半島からピレネー山脈へ伸びる海岸線に埋めたという。デンマークの海岸線には一五〇万もの地雷が埋められた。映画は一一名のドイツ人捕虜少年兵を監督する一人のデンマーク人軍曹の物語で、幼い少年兵の顔と、美しいユトランド半島の白浜が、記憶に残る静かな映画である。驚いたことに、一五〇万もの埋められた地雷があったという史実を、デンマーク人の九五％が知らなかったという。

また小説エーリク・ヴァレア作『7人目の子』（ハヤカワ文庫）に登場する元コペンハーゲン警察次官のカール・マレは、戦争中に中部ユトランド抵抗軍のリーダーに請われて、

——数千人のユダヤ人をかくまい、首都コペンハーゲンを中継点としてスウェーデンに避難させる、という計画の実行者に……

とあるが、これは実際にあったユダヤ人の強制収容所への移送作戦のことである。

一九四三年一〇月一日深夜、駐留ドイツ軍はデンマークのユダヤ人七〇〇〇人をドイツ

の強制収容所に移送する作戦を実施した。この計画は一人のドイツ人役人のリークによりデンマーク人の知るところとなった。彼らはユダヤ人を漁船の倉庫に匿い、カテガット海峡やウアスン海峡を渡って、対岸の中立国であるスウェーデンに逃したという。美談として語られているが、亡命者を運んだ漁師は、平均して亡命者一人につき二〇〇〇クローネ（日本円で約六五万円に相当）を要求したこともあったという。またこの夜の作戦で、ドイツ軍が逮捕できたユダヤ人は、二六〇名だけであったといわれている。

先ごろノルウェー映画『ホロコーストの罪人』を見た。これはノルウェー政府が加担して、オスロ在住のユダヤ人五二九名をアウシュヴィッツに強制移送するという事実に基づいた映画である。やはりオスロにも中立国スウェーデンに逃れる人がいたという。五〇〇クローネを支払って、タクシーでスウェーデンに逃れようとするシーンがあった。

そのノルウェーに、ナチス・ドイツ軍が侵攻したのは一九四〇年四月である。二〇一七年に公開された映画『ヒトラーに屈しなかった国王』の国王とはホーコン七世（一八七二〜一九五七年）のことである。ホーコン七世はデンマーク国王フレデリク八世とルイーゼの次男で、兄はデンマーク国王クリスチャン一〇世だ。一九〇五年、ノルウェー国王に迎えられたカール王子は、ホーコン七世となった。先に述べたマルグレーテ一世の夫がホーコン六世であったので、幾世代を経て、彼はホーコンの名を継いだことになる。

国王ホーコン七世は、大戦時、中立を守るためにドイツ軍と戦ったが、六月、イギリスに亡命を余儀なくされた。しかし海外から抵抗運動を続けるよう呼びかけたという。

この映画はノルウェー国王をはじめとして、ロイヤルファミリー全員が集まって王宮の公園で野外上映されたという。実に国民の七人に一人が見たという大ヒット作になったという。監督・脚本はエリック・ポッペである。彼は「ウトヤ島、7月22日」という衝撃的な映画を作った監督である。二〇一一年七月二二日、ノルウェーのウトヤ島で市民七七名が無差別に銃乱射されるという、本当に起こった事件を描いたものである。


聖堂と二つの博物館を見学すると、もう一二時半を過ぎていた。急いでオーフス川沿いのカフェやバーが軒を連ねるアーボウルバーデン通りに向かう。ランチタイムだ。この川は以前アスファルトに覆われていたという。ディクテの本を再び引用してみよう。

――まず川の舗装がはがされ、中央図書館から始まりマガシンデパートを過ぎてミット銀行の建物に至るまで、再び街なかを川が流れるようになった。次に川面まで幅広の階段がつき、オーフス市民は今では「渡り場」が通称となった新名所に押しかけるようになった。そして最後にカフェの登場だ。広い歩道にレストランが一軒また一軒とテーブルと椅子とパラソルを並べ、その後春のパリの雰囲気を出すためにガス・ヒーターが導入された。オーフスに新たなトレンディー区域が増え、生ビールの値段もついでに上がった。

そのオーフス川はせいぜい五メートルほどの幅で、「渡り場」には多くの人たちでにぎわっていた。小中学生に見える子供たちも多く、週末でもないのに昼日中からこんなふうにたむろする人々は、どのような人たちなのかと不思議に思われた。

ともあれ、ディクテはこの川に飛び込んだのだ。いや、川まで階段を下り、遠目の印象よりはずっと汚かった緑色の水に踏み込み、桶をたぐり寄せ、押しながら川に沿って泳いだのだったのだと、下の川を眺めた。

川岸にあるカフェ・ファウストでオムレツを食べることにした。ディクテ・シリーズ第二作『過去を殺した女』の中で、ディクテと恋人のボーがオーフス湾が見えるレストランでフィッシュボールを食べるシーンがあり、迷った末にこれに決めたのである。

ウェイトレスが「熱いので急いで食べないでね」と差し出したのは、鉄のフライパンに載った、卵を六個も使ったのでは、と思われる大きさであった。

同行の二人がトイレに立ち、私はディクテとボーが食べたフィッシュボールは、どんなものだったのかと、ぼんやり考えていると、二羽の大きなカモメが突進してきた。思わず立ち上がってしまった私の目の前で、友人たちの食べ残したオムレツをカモメたちが食べ始めたのである。私はただ呆然と立ったままだ。すると先ほどのウェイトレスがやって来て、大きなタオルを振り回してカモメたちを追い払ってくれた。

やはりカモメは遠目に見るべきものだったのである。

午後も二時を過ぎて、美しいアーチ型の橋

カフェ・ファウストのオムレツ

桁を持つ橋を渡り、マガシンデパートの前にでた。ここからバスに乗って、「デン・ガムレ・ビュ」、デンマーク語でオールドタウンという野外博物館に行くのだ。徒歩でも行けるが、オーフス駅＝ピカピカ、黄色いバス、の印象が強く残っている私はバスに乗ることにした。朝、ホテルを出る時に、フロントで何番のバスに乗ればよいか、料金はいくらかと、尋ねておいたので、迷わずに3ａのバスに乗ることができた。残念なことに「黄色いバス」ではなかったが、ゆったりと幅広の新車種らしいバスであった。運賃は二〇クローネ（約三三〇円）である。

デン・ガムレ・ビュ

園内を往時のコスチュームを身に着けて歩き、馬車が通り、昔の建物を移築、再現した野外博物館は北欧が発祥の地という。スウェーデンにはストックホルムのスカンセンが、ノルウェーにはノルウェー民族博物館がある。だが、デンマークにはここオーデンセのフュン野外博物館と、二つも大きな野外博物館があるのである。他にも小さな野外博物館がある。こうした博物館の入場料は高く、ここの入場料も一三五クローネ（約二二三〇円）で、しかもシニア割引がない。午後のカフェタイムなのだと思って、広い園内を歩いてみることにした。

ここは二〇〇〇年から四〇〇〇年位前の暮らしを再現したもので、各パビリオンには実物大のマネキンが効果的に配置されている。先の「デンマーク女性博物館」にあった会議シーンのマネキンたち、これから行くオーデンセの「アンデルセンの生家」のマネキン、「鉄道博物館」のマネキンたちと、この度のデンマーク旅行では、何故かマネキンたちにやたらと目がいくのであった。他の国でも、展示物とともにマネキンを配置しているのを見かけたことがある。しかし、デンマークのマネキンには、つい目がいってしまうのだ。

昔の雑貨屋が再現された店で、同行の吉津さんが裁縫に使う待針を一〇本買った。一本一本丁寧にボール紙に刺してくれて、日本円で一〇〇〇円位だった。待針の先がガラスに絵付けされており、好きな絵柄を一本一本選ぶことができて楽しい。

最後に、昔懐かしい味のバターキャラメルの出来立てを食べて博物館を後にした。

バスでマガシンデパート前に帰る。もう一度ディクテの本に戻ると、オーフス川に飛び込んで桶に入れられた赤ん坊を引き上げる、というところから物語は始まった。この赤ん坊は生後二日ばかりで、すでに死んでいたのである。赤ん坊をくるんでいたタオルのメーカーをディクテの相棒のカメラマン、ボーが突き止める。

――ジュテームってメーカーなんだ。

マガシンでしか売っていない……高品質、フランス製。

――ディクテはマガシンに車を止めた。……四階までのエスカレーターは客で混んでいた。……ジュテームマークの製品も特売になっていた。悩んだあげく彼女は、新しい家のためにタオルを何枚か買った。有名ブランド。丈夫。ソフトな材質。

私たち三人もマガシンデパートの四階に上がり、評価の高い北欧デザインの生活雑貨をあれこれ見てまわることにした。タオル売り場にも寄ってみた。バスタオル一枚が一万円ほどもして驚いた。この本の作者はタオル一枚の値段を幾らぐらいと想像して、この場面を書いたのだろうなどと、くだらないことを考えながら売り場を見てまわった。

最後に立ち寄ったのが駅である。明日からの列車のチケットを買っておかねばならない。

駅のチケット売り場はどこの国も、特に大きな都市では混雑しており、夕方以降に買い求めるのが一番なのだ。ただし、チケット売り場の開いている時間を予めチェックしておくことは重要である。

三日分のチケットをまとめて買う。しかし、最後の日に乗るコペンハーゲンからスウェーデンのヨーテボリまでのチケットが買えなかったのは、大きな誤算だった。ヨーテボリはスウェーデンだから、普通列車は買えるが、高速列車の切符は買うことができない。後日コペンハーゲンで、整理番号札を手に、永く待つことになるのだ。

ともあれ、三日分のチケット代金はここではシニア割引があり、合計で五五九クローネ、

オーフス駅

日本円にして約九三〇〇円ほどであった。この間の走行距離は四七六キロで、日本では東京から京都までが約五一三キロだから、日本の料金とあまり変わらない。

　三日分のチケットを一日ずつ、右隅にデンマーク国鉄のマーク「ＤＳＢ」のついた赤い洒落たケースに入れて渡される。切符売り場のおばさんはぶっきらぼうな感じがしたのだが、一日分ずつていねいに行き先を手書きしてくれた。

　欲しいチケットの日付、列車の発着時刻などを書いたメモを渡して買うのだが、私は前年度版の「ヨーロッパ鉄道時刻表」で調べていたので、帰り際に、「時間は合っていたか」と尋ねると、私の持っていたメモをひっ

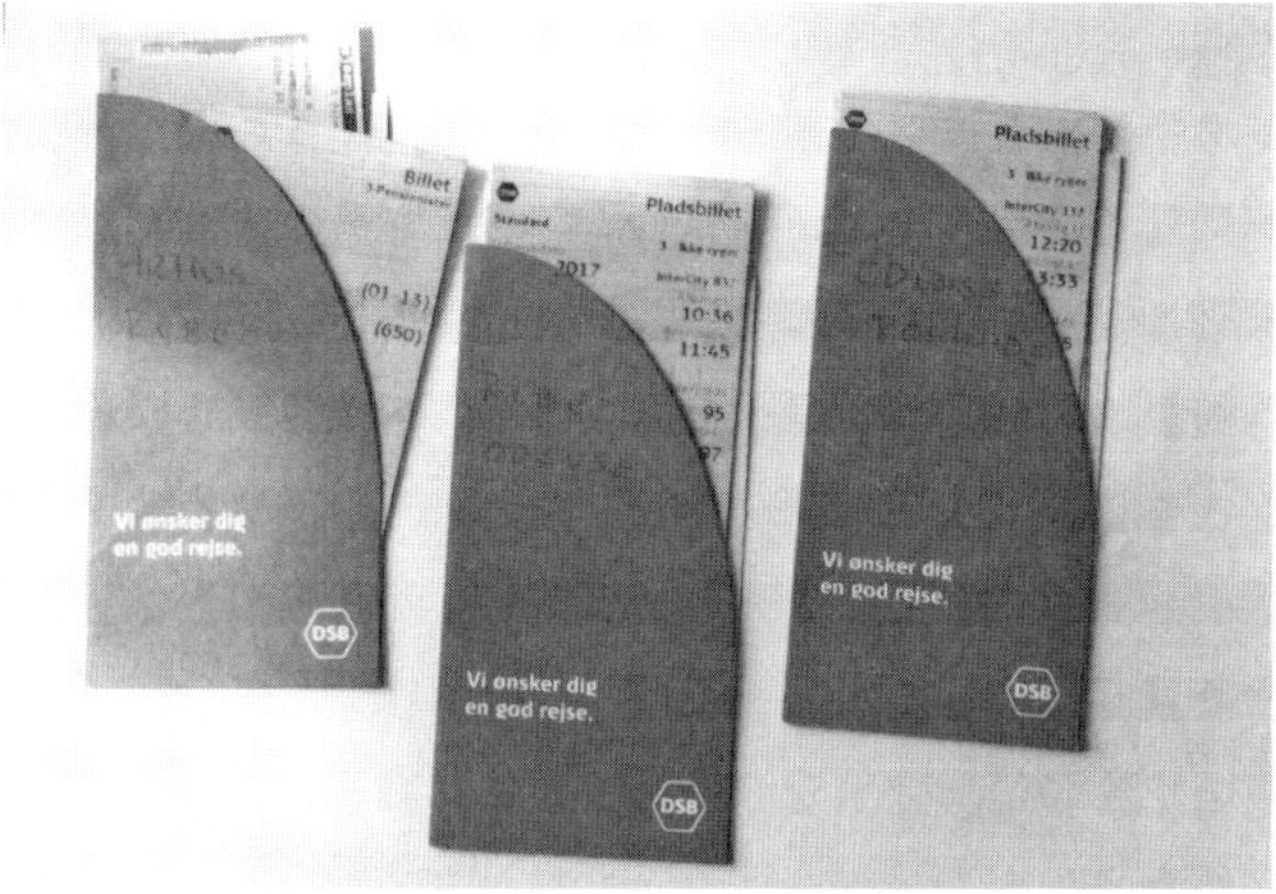

DSB（デンマーク国鉄）のチケット

たくるようにして、正しい時刻を書き入れたのだ。

どのみち二、三分の誤差だということは分かっており、渡されたチケットには発着時刻はすでに印字されているのである。

列車のチケットも確保したところで、駅構内の様子を見てまわった。明日乗車する列車の発着ホームも確認しておいた。

デンマーク国鉄は七〇年代以降、駅舎や駅構内の案内標識、待合室などに統一されたデザインを用いるようになったという。コペンハーゲン駅のことを思い出してみたが、記憶はあいまいで、統一性というのはよく分からなかった。

さて、ディクテと別れるときがやってきた。ディクテの本によると、オーフスの夜はこういうふうになる。

――夜がくるとオーフスは突如ニューヨークに変貌する。街路の酔客の大声に、剣呑な響きが混じる。

オーフスの夜がニューヨークに変貌するとは、少々大げさではないかと思ったが、市役所で貰った手のひらサイズのパンフレットには、このように書かれていたのだ。
——リラックスして、市内にあるたくさんのカフェや、ラテンクォーター（食事のできるダンスホール）の辺りをぶらついて楽しんで!!

どの辺りがニューヨークに変貌するところなのか確かめることもなく、私たちはホテルに戻ったのであった。

ところで、物語は赤ん坊を川に流した犯人を突き止めて終わる。たわいないとも言える小説である。しかし、このディクテシリーズは、『犯罪ジャーナリスト・ディクテ』のタイトルで、デンマークでテレビ放映されたという。
そういえば、俳優のマッツ・ミケルセンはオーフスにいたことがあったのだ。一九九六年、当時三一歳のミケルセンはオーフス演劇学校で学び、その年映画デビューしたのであった。

なお、オーフスを再訪したおりには、ホテル、ザ・メイヤーの予約がとれなくて、ホテル・リッツに宿泊した。ベッドのシーツは、もちろんシルクではなくて、部屋もフロントも少々くたびれた感じなのであった。

帰国後、『赤ん坊は川を流れる』の本の、デンマークでの発行年を調べてみたら、二〇〇二年であった。二〇年近くたつと、ホテルもあのようになり、駅舎もピカピカではなくなるのだと理解したのであった。

（註）英国生まれのジャーナリスト。著書に『英国一家、日本を食べる』など多数。現在、妻の故郷デンマーク在住。

第二章　リーベ　――コウノトリと「夜警」の街

六月九日。

今日は快晴である。正面から見たオーフスの駅舎は、ピカピカとは言い難かったが、やはり黄色い駅舎であった。

私たちは、八時五六分発のＲｅ（普通列車）に乗車するためにホームに向かった。この列車はオーフスが始発であり、列車は早くからホームに入っていた。

オーフスからコペンハーゲンには、ＩＣ（インターシティー・特急列車）やＩＣＬ（インターシティー・リュン・超特急列車）が、ほぼ一時間に一本運行されており、約三時間で行くことができる。

オーフスからリーべに行くには、フレデリシアまで、ＩＣに乗ることも可能だが、普通列車なら、オーフスからブラミンまで乗り換える必要はない。

これから二時間九分の普通列車の旅が始まる。普通列車といっても、座席は高速列車並みで、なかなかのものである。後に乗車したICより格段に勝っていた。

乗客も疎らで、ゆったりとオーフス駅を後にした。

列車はスカナボー、ホーセンス駅を過ぎ、比較的大きなヴァイレの駅に九時四七分到着した。ここから、北西へ約九キロのところにイェリングがある。先に述べたデンマーク初代国王とされるゴームが拠点としたところで、世界遺産に登録されている最初期の教会やルーン文字が刻まれた石碑がある。旅の計画を立てるときに、ここに行くことを考えてみたのだが、旅行書にはこの地へのアクセスが記されていない。「デンマーク国民なら、生涯に一度はイェリングを訪れるべしという不文律がある」と、マイケル・ブース氏の本で読んでいたので、行ってみたい気持ちがあったのだ。

またこのヴァイレから、バスで四〇分ほど行くとレゴランドがある。こちらは、どの旅行書にも掲載されている。大きな川にかかる橋の向こうに、年間一四〇〇万人もの人を集めるアミューズメントパークがあるのだ。

ヴァイレという駅の名前を記憶にとどめ、ひたすら平坦な田園風景の中を列車は進む。

どこで読んだのか、いや、どの本にもこのように書かれているのだが、デンマークは「パンケーキのようなまっ平らな国」なのだという。

何故そのような地形になったのだろうか。

第四氷河期の氷床が、デンマークの地形を形成するのに大きな影響を与えたという。シェラン島、ユトランド半島の東半分をこの氷床が覆い、氷床が運んできた土塊が、丘陵性の大地が波打つ地形になったという。

一方、ユトランド半島の西部は、氷床の融水流が形成した平坦な地形になったという。二〇〇五年の測量により、デンマークの最高地点は、アイア・バウネホイの西側にあるムレホイとされている。一七〇・八六メートルである。

列車はひたすら南下して、一〇時八分フレデリシアに到着する。ここでコペンハーゲン行きとエスビャオ行きに分岐する。我々の乗る列車は停車することなく右方向に西進する。フレデリシア駅を出て一〇分あまり、左手斜めをブラックフェイスの愛称で親しまれているICが、緑の林を背にして姿を現わした。

早速、「ヨーロッパ鉄道時刻表」を取り出して調べてみると、あの列車はICではなくコペンハーゲンを八時五五分に出たＩＣＬであることが分かった。

　フレデリシアから三〇分ほど走ると、風力発電の風車が二基見えてきた。風力発電は、「現代デンマークのナショナル・シンボル」といわれているのだが、これについては後に述べることにして、ここでは風力発電の風車を、初めて見たというに留めておきたい。

　列車は定刻通り、一一時五分ブラミンに到着する。ここで私鉄のアリーヴァに乗り換え、二〇分もするとリーベだ。到着した同じホームに、二両編成の洒落たデザインの列車がすでに待っていた。

　四人掛けの座席が二列並んだ、大きなガラス窓のある広々とした車内は、座席の半分も埋まっていなかった。

オーフス発の普通列車内で

私たち三人は、もうすぐデンマーク一の美しい街、リーベだと話し合っていると、車内放送で、「次はリーベ」と言っているように聞こえた。降りる準備をしていると、後ろの座席から若い女性が立ち上がって、「まだ、まだ、リーベは次の次」と、デンマーク語で言っているようなのだ。私たちの日本語で交わされる会話が聞こえていたように思えて、思わずその女性と顔を見合わせて笑ってしまったのであった。

定刻通りに、列車は一一時三一分、リーベに到着した。これまでのところ、デンマークの列車は正確に運行されているようだ。

リーベ駅は赤レンガ造りで美しい。記念に

リーべの駅舎

写真を一枚撮っておいた。

　北欧でいち早く鉄道が敷かれたのは、コペンハーゲンからロスキレの間で、一八四七年に開業した。リーベに鉄道がやって来たのは一八七五年だという。駅舎の変遷については案内所で買い求めた冊子にも記載されていなかった。

　駅の近くにヴァイキング博物館や市庁舎があり、新市街と呼ばれている。リーベ大聖堂や古い街並みの残る歴史地区までは、少し歩かねばならない。一キロ半あたりといったところか。私たちの泊まるホテルも聖堂の近くに予約してあった。

　スーツケースを引っ張り、漸く到着したホテル・ダグマーは由緒ある古いホテルだ。

ホテル　ダグマー

切妻造りの建物は一五八一年に建てられたもので、一八世紀のほとんどを市長の宿舎として使われていたという。一八〇〇年頃イン（宿屋）になり、一九一二年の大規模な改修を経て、現在のホテルの姿になった。古い石造りのホテルで、近代的な設備は望めないうえに、天井が低く、ベッドが三つ入ると、あまりスペースがないのであるが、私たちの泊まるホテルはだいたいこんなふうである。

荷物から解放されて、私たち三人は街に出た。

リーベは、デンマーク最古の交易都市だ。どのような歴史を歩んだのだろう。

リーベ

先に、九五八年に没したゴーム老王がデンマーク王朝の始祖とされていると述べた。しかし、それまでにもフグレイクという王が、五二〇年頃、フランス北部沿岸を襲撃したことが知られているように、デンマーク各地には、王と称する在地有力者が存在していた。

七〇〇年代のスカンディナビア南部は、西、南、東ヨーロッパとの交易の中心地であった。バルト海、北海沿岸に交易地と都市が生まれた。ある王が七〇〇年代初め、リーベとその後スレスヴィーのヘーゼビューに交易地を設けた。

これがデンマークで一番古い街といわれるリーベの始まりだ。しかし、一五八〇年の大火、一六五九年の疫病の流行、更に一八六四年のスレスヴィー戦などにより、リーベの衰退は次第に進んだ。更に一八七五年、北海沿岸に航路の拠点としてエスビャオの街が建設されるに至り、リーベの街は、歴史の歩みを止めたかのように、美しい中世の街並みを残すのみとなった。

エスビャオは、ブラミンから一二分ほどの所にある。今朝、私たちはオーフス発の普通

リーベの街並み

列車に乗り、ブラミンで私鉄に乗り換えたわけだが、そのまま終点の駅がエスビャオだ。

ホテルの前は広場になっており、観光案内所がすぐ目の前にある。ここで貰えるパンフレットは少なく、やはりパソコンが数台置いてあり、自由に観光客に使わせていたのであった。私は英語版のガイド・ブックと絵葉書を買い求めた。観光案内所を出て、赤レンガ造りの旧市庁舎の前に立った。建物の煙突の上に、街のシンボルであるコウノトリのつがいが巣を作っているのが見えるはずであった。朝、オーフスを出た時にはよく晴れていたのに、急に曇り空になり、パラパラと雨が落ちてきたせいなのか、煙突の上がよく見えない。帰国後、買い求めたガイド・ブックを見ると、写真家の撮った旧市庁舎の煙突の上には、二羽のコウノトリがはっきりと写っていた。

一時は三四ヶ所もの巣をつくり、八一羽のヒナを育てた頃もあったという。また、全く飛来しない年もあったとか。餌を得る水田の減少が関係しているらしい。最近の様子はどんなふうなのだろう。

ところで、日本など東アジアに生息するコウノトリは、大型でくちばしが黒い。一方で、ヨーロッパやアフリカ北部のものは、その亜種でシュバシコウと呼ばれる。小型でくちばしが赤い。私が買い求めたガイド・ブックに写る二羽のシュバシコウは、写真の左隅に小さく写っており、くちばしの色は判別できないが赤いはずだ。世界最大のシュバシコウの繁殖地はポーランドである。夏の湖水地方の田園では、あらゆる高い場所がシュバシコウの巣でいっぱいになるという。ポーランドの国鳥だ。ドイツでも国鳥とされている。

この旧市庁舎は一五二八年に建てられ、一七〇八年から二〇〇六年末まで市庁舎として使用されていたという。現在は火、金、土曜日の午前中に、結婚式が執り行われる美しいホールのある所として広く親しまれているという。

コウノトリは諦めて、リーベ大聖堂に行く。

リーベ大聖堂

もとになった教会はハンブルク・ブレーメン大司教のアンスガルが王の許可を得て、八五〇年頃に建てたという。九四八年には、リーベ、オーフス、スレスヴィーに司教管区が設けられていたということが分かっている。

現在見られるロマネスク様式の聖堂の建設は、一一五〇年～一一七五年に始まり、一二二五年～一二五〇年の間に完成した。

当時、西側に同じ高さの塔が二つあったが、一二八三年のクリスマスの夜、北の塔が崩れ、聖堂内にいた多くの人が亡くなったという。現在のレンガ造りの塔は一三三三年に完成した。高さ五〇メートルの塔からリーベの街を見渡すことができる。

聖堂の建材の大部分はケルン（ドイツ）の凝灰岩や砂岩を、ライン川を下り船で運んできたという。またユトランド半島の花崗岩が一部使用されているという。

一九三三年より、聖堂のカリヨンが、一二

リーベ大聖堂

時と午後三時に演奏されるようになった。更に一九三八年には午前八時と午後六時にも演奏されるようになった。このことを知ったのは帰国後のことで、買い求めたガイド・ブックを読んで知ったのである。もし先にこのことを知っていれば、四度は鐘の音に注意を払ったことであろう。

聖堂を出て、入口近くにコウノトリの巣を見つけた。コウノトリは高い所に巣を作るのではと思い、中を覗いてみると、案の定コウノトリは不在だった。

古い民家の連なる石畳の通りを散策して、聖カタリーナ教会に向かう。この教会は一二二八年に聖ドミニコ修道院として建てられ、現在の教会は一五世紀に建築された。石畳の上に立つリーベ大聖堂とは違って、緑に囲まれた教会は落ち着いたたたずまいである。

再びホテル前の広場に戻る。オベルダン通りは街一番の繁華な通りだというが、歩いている人がほとんどいない。早仕舞いする店も多く、小雨が降っていたこともあり、早めの夕食をとって、夜の「夜警の見回りツアー」に備えてホテルに戻ることにした。

夜警の見回りツアー

デンマークでは一四世紀から夜警の存在が知られていた。リーベにもそれは存在していた。一五六五年以前より彼等は市から報酬を得ていた。一八世紀半ばには住む所も与えられていたという。一九世紀の夜警の任務は、主として市街のパトロールと、決まった間隔で歌を歌うことだった。それは市民に安心と安らぎを与えるだけでなく、時間を知らせるものでもあった。彼等はセブン・スターと呼ばれる、先端に先の尖った金属の付いた棍棒を持ち、これは武器にもなるものであった。

一九〇二年に最後の夜警が退職した。それ以後、国の歴史的な式典などで、「歌う夜警」のイヴェントが度々行なわれていたという。そして一九三五年、観光目的のためにこのツアーは復活されたという。

午後八時前にホテル横のレストラン、ヴァイス・ストゥーに行く。ここから夜警ツアーは始まるのである。既に三〇人ほどの人々が集まっており、その真ん中に夜警姿の老紳士然としたオジサンがいた。黒い外套と帽子、手にカンテラを持ち、もう一方の手にはセブン・スターの棍棒を持っている。夜警のオジサンと写真を撮ったり、参加者の子供に棍棒を持たせてみたりして、準備は整って、私たちの一行は出発した。

大聖堂の前を通り、リーベ城跡に向かって石畳を行く。困ったことに、デンマーク語の後にドイツ語が入り、それから英語が続くというもので、ぼんやりしていると、いつの間にか英語になっていたりして、なかなか集中できないのである。これは我慢するとして、オジサンの傍らを歩くことにした。城跡まで

セブン・スターとカンテラを手にする夜警

は行かず聖堂の辺りまで戻り、ここで聖堂の説明を聞く。リーベは低湿地のため、たびたび洪水が襲ったという。一六三四年の洪水時の水位を示す跡が聖堂にあるという。六・一メートルの水位を示していたという。

次に聖カタリーナ教会方面に向かう。リーベ川を渡りヴァイキング博物館の周りの家々の説明を聞く。このリーベ川辺りには中州になっている所があり、橋がかかり、水上庭園のような趣があり、美しい散策路になっていた。

暫くすると、小型船がたくさん係留している川辺りに出た。いや、ここは北海へと続く湾であった。ここにドイツや他の国の交易船が入ってきたのだ。

港の風景を撮った写真を帰国してから見てみると、青空も見えて、街路灯にも明かりはなく、昼中に撮った写真のように見える。

河畔には大洪水時の水位を示す柱が、ここにも立っていた。

河畔にいる私たちのところに、夜警のオジサンが何やら話しているのが聞こえてきた。ドイツからやって来た船乗りが、積み荷から盗んできたワインを飲んで寝込んでしまったのを、セブン・スターの棍棒で起こしてまわったという話らしい。ツアー参加者の男性と、あれはモーゼルワインだったかどうかで議論まで始めたようであった。

行きとは違った小路をたどり、出発地点のヴァイス・ストゥーに戻ってきた。驚いたことに、夜警のオジサンは、ツアーのあいだ一度も歌を歌わなかったのだ。私が聞きのがしたのか、はたまた、「今日は歌わない」という説明を聞きのがしたのだろうか。

九時五分になっているのに、辺りはまだ薄明るく、夜警の見回りには早過ぎるのではと思えるツアーであった。なお、このツアーは予約なしで無料で参加できるのである。

最近になって、私は夜警姿で街をめぐるツアーが、ドイツのローテンブルクにあることを知った。やはり黒い外套にカンテラ、おのやりという先に金具のついた棍棒を持ったガイドが、街の歴史について語りながら歩くツアーである。二〇時からは英語の、二一時三〇分からはドイツ語のツアーと区別して行われているという。


ところで、夜警といえばレンブラントの「夜警」の絵のことが思い浮かぶが、これは誤称で「フランス・バニング・コック隊長とウィレム・ファン・ライテンブルフ副隊長の市民隊」の絵のことを誤ってこう呼ばれているものである。私はこの絵を、アムステルダムの国立美術館で実際に見た。三・六三×四・三七メートルの大きな絵である。しかし、後に「レンブラントの家」で見た、たくさんの小さな自画像の方が、より印象に残っているのだ。

北欧の夜は長い。夜警ツアーを終えてホテルに戻ってきても、まだ九時半前である。

それでも、早寝早起きが習慣の吉津さんは、シャワーを浴びて、すぐに寝てしまった。

梅田さんと私は、「デンマークでいちばん美しい街」について暫く話しあった。

画家の安野光雅さんが、リーベを「デンマークでいちばん美しい街」と言われたとか、

これに対して私はこう言ったのである。

——古い木組みの家が軒を連ね、中世の面影を残す美しい街は、ヨーロッパのあちら、こちらにあり、そういった街を私はいくつも訪れたことがある。

すると梅田さんがこう言ったのだ。

——安野さんは世界でいちばん美しい街とは言っていない。デンマークの中で、と言っているだけだ。

結局のところ、私は、「いちばん美しい街」という言葉に期待しすぎていたということ

なのだ。安野光雅さんのお墨付きがあれば、なおさらのことである。

リーベの二〇〇六年度の人口は九八九七人だという。古いデータではあるが、私が観光案内所で買い求めた冊子にはこう書いてあったのである。

この一万人足らずの古い街では、ミステリ小説の舞台にはなりにくいだろうなと思う。ここはコウノトリのいる【幸せの国】なのだ。しかし、リーベには一四もの聖堂や教会、修道院があるのだ。これに四度鳴らされるカリヨンの音に事件を絡ませて……。そういえばイギリスのドロシー・セイヤーズの『ナインテイラーズ』というミステリ小説もあったではないか、と私は思い出した。

この小説は、村人たちが教会堂に集まり、夜を徹して鐘を鳴らすというところから始まる、ウィムジィ卿シリーズの一編である。リーベのような小さな村で、教会を中心にした村人の日々の営みが描かれ、ウィムジィ卿が鳴鐘術の詳細を語ってくれるという小説である。また、教会の歴史や建築史を、ウィムジィ卿が読者に語ってくれるという教養小説でもあるのだ。

リーベには一四もの教会があるではないか……ウィムジィ卿、あゝとても魅力的な、と考えているうちに眠ってしまったのであった。

第三章　オーデンセ　――アンデルセンの街

六月一〇日。

コウノトリには会えなかったが、リーベという美しい響きを持つこの街で、私たちはゆったりとした時を過ごすことができた。早めにホテルを出て駅の周りをぶらぶらする。一〇時七分発の列車に乗るまで、時間はたっぷりある。今日は土曜日で、列車の本数が少ないために、こんなに遅い出発になってしまったのである。

ようやく赤レンガの駅舎に、前日乗った私鉄アリーヴァの洒落た二両編成の列車が入ってきた。列車から降りる人も、乗り込む人もほんの数人で、ゆったりと乗り降りする人々の姿を見ていると、デンマークのローカル列車の旅もよいものだと思えた。

ブラミンに一〇時二五分到着する。ここからオーデンセまでは一時間余りである。

待つこと一〇分余り、ブラックフェイスの愛称を持つＩＣがほぼ定刻通りにやってきた。私は真っ白の車体に赤い線の入った、すっきりした列車を期待していた。列車の旅の本で、このイメージが定着していたのだ。しかし、やってきたのは少しくたびれた色合いの車体で、車内もどこかのローカル列車に乗っているようなのであった。私たちは二等車の乗客なのだから、こんなものなのだろうと、納得させられたのである。

この列車はエスビャオが始発で、コペンハーゲンが終着である。デンマークはほんとうに小さな国で、コペンハーゲンから北ユトランドの中心地フレデリクスハウンまでが、ICの走る幹線で、五五四キロを約六時間で走る。ユトランド半島最北端のスケーエンまでは、フレデリクスハウンから私鉄で約三五分だ。

つまり、コペンハーゲンからスケーエンまで行くということは、日本で言えば、九州から北海道まで行くということになるのである。

今回のデンマーク旅行は、列車の旅を楽しむという、いつもの私たちの旅からは少し外れてしまったのだが、これは想定内のことであった。何しろ小さな国なのだ。

一〇時三六分、ブラミンを出た列車は、前日通った同じ路線を、フレデリシアに向けて出発した。三つの駅を過ぎたところで、フレデリシアの駅を通らず、気が付けばリレ海峡を渡り終えていたのである。

フレデリシアに停車しないことは分かっていた。しかし、左向こうにフレデリシアらしき街を見て、こんなに唐突に本線に入り、ユトランド半島からフュン島に上陸してしまうとは思いもよらなかった。

　ユトランド半島とフュン島を隔てるリレ海峡は、地図でみると、くっついているようで、一キロ足らずの鉄橋がかかっているのだが、列車で渡るとほんの数分だったのである。

　そんなわけで、列車はフュン島のミゼルファートに一一時一九分に到着して、ユトランド半島に別れをつげたのであった。

　オーデンセに着く前に、車内でサンドイッチでも買って早めの昼食にする予定だったのだが、ワゴン車が回ってこない。私たち三人は、車窓の風景を見るでもなく、食べ物の話ばかりをしているうちに、列車はオーデンセ駅に一一時四五分到着した。

　オーデンセ駅は、オーフスの黄色い石造り、リーベの赤レンガ造りと異なり、ガラス張りの近代的な駅で、ホームにも駅構内にも多くの人が行き交っていた。ここはデンマーク第三の都市だが、オーフスより大都市の印象を受ける。人口はやはりオーフスより少なくて、二〇万人足らずなのだが、駅舎の印象とコペンハーゲンから近いこともあって、ＩＣで約一時間半だ、オーフスより都会ふうだと感じられたのだろうか。

　この日は快晴で、これまで着ていたパーカーを脱ぎ、Ｔシャツ姿になった。駅前に広がる王立公園の緑の芝生がまぶしい。

駅を出て左に行くと図書館がある。その先に今日の宿がある。村上春樹は二〇一六年、ハンス・クリスチャン・アンデルセン文学賞を受賞している。その年の一〇月、午後のオーデンセ市庁舎で行われた授賞式に先駆けて、この図書館でイヴェントに参加している。村上春樹がこの図書館で、彼の初期の短編の一つを朗読したのだと思いながら、その前を通ってホテルにチェック・インした。

観光案内所は市庁舎内にあり、土曜日は午後一時に閉まるので、急がねばならない。

オーデンセ市庁舎はまるで王宮と見まがう建物で、石畳の大きな広場に面して、デンマーク国旗をはためかせていた。正面中央に

オーデンセ駅

大時計があり、その上に天秤と剣を持った女性像が見える。この市庁舎は一八八三年に新築されたものという。これより一六年前の一八六七年一二月、アンデルセンは故郷の名誉市民に任命された。この時アンデルセンは歯痛に悩まされていたのだが、市庁舎二階の窓から市民の熱烈な歓迎ぶりを見て、「自身のもっとも幸せな日として迎えました」と、観光案内所で貰った日本語のパンフレットにあった。

オーデンセは、日本語のパンフレットが手に入るような観光地なのである。ヨーロッパの観光地には、日本語のパンフレットを置いている所が多くあり、この日本語が少し独特である。読んでいると思わず笑みが浮かぶような、丁寧さと古風な文体が、いずれの地で入手した日本語のパンフレットには共通している。

市庁舎裏の聖クヌート教会から見学を始めることにした。

聖クヌート教会

レンガ造りでゴシック様式の教会は、オーフス大聖堂と似た雰囲気を持つ外観である。

デンマークで、レンガ建築が導入されたのは一一六〇年代という。ヴァルデマー一世（一一五七～一一八二年在位）は、レンガを使った工法でソレ、リングステズの地に、聖堂を建てた。先に訪れたオーフス大聖堂もこれに倣ったという。

聖クヌート教会は、一〇八四年に初めて建てられ、現在のレンガ造りの建物は一二八六年に着工された。幾度かの増改築を経て、一五八〇年代に完成している。

この教会は聖クヌート王を祀っているという。クヌート王を祀るに至った経緯を記す。

聖クヌート殺害

クヌート王（一〇八〇～八六年在位）はイングランド征服を夢見て、農民たちに戦いに加わるように命じた。当時の農民たちは過重な税と、このリデイング（戦い）の義務に苦しめられていた。ユトランドの農民と、一〇〇〇艘の船が集結させられたが、スレスヴィーに滞在していた王はやって来なかった。当時の王たちは決まったところに住居を定めず、領地を転々としていたという。

数週間待っても王は現れず、農民たちは収穫期を迎えている家に戻り始めた。王が到着した時には半数の農民が去ったあとだった。これに激怒した王は、去った農民に多額の罰金を徴収するように代官たちに命じた。これに反発した農民たちの怒りは、代官から王に向かった。ユトランド北部で集結した農民集団がクヌート王を追うことになった。

クヌート王はヴィボーに逃れ、更に南下してフュン島のオーデンセの王宮に逃避する。しかし、王宮を取り囲んだ農民兵の大集団に怯えた王は、聖アルバニー教会に避難する。この教会の祭壇の前でクヌート王と弟のベネディクトは、一七名の従者とともに殺害された。一〇八六年七月一〇日のことである。聖アルバニー教会は、クヌート教会から三〇〇メートルほどの所にある。

後に一一〇〇年四月、不思議なことに、クヌート王はデンマーク史上初めての聖人に列せられた。これはエーリク常善王（一〇九五～一一〇三年在位）が、ローマ教皇に働きかけて適ったものであるという。

聖クヌート教会の地下室にはクヌート王と、弟ベネディクトの遺骨箱が安置されており、遺骨から分かったことは、祭壇に跪いていたところを、背後から長槍で刺されたということであった。

この聖堂で目を引くのは、今は少し色あせているとはいえ、金色に輝く祭壇背後の三枚続きの衝立だ。一五一三～二三年の間に設けられた、木彫りに二三カラットの金箔を貼ったもので、中央パネルに十字架に架かるキリストが、その周りには数多くの聖人が彫られている。実に細かい仕事で、大雑把に見積もっても一〇〇人以上の聖人に囲まれたキリストは、よく見なければ判別のつかないほどの細工である。

この教会は大聖堂とも呼ばれており、ここでアンデルセンの両親は結婚式をあげている。その一一年後に没した父親はここに埋葬された。父の死から三年後の一八一九年、一四歳

アンデルセン公園のアンデルセン像

のアンデルセンは、この聖堂で堅信礼を受けた。
アンデルセンは、この日のことを「自伝」で回想している。亡き父の外套を仕立てなおした晴れ着と、生まれて初めて新調して貰った深靴を身に着けて教会に入り、この靴を会衆に見て貰うために、ズボンの端を靴の中に押し込み、靴がキュッキュッと鳴るのが嬉しかったと回想している。また、靴に気を取られていた自身を、神に許しを求めたりもしている。この体験から「赤い靴」という作品は生まれたという。

聖クヌート教会の裏には、アンデルセン公園と名付けられた芝生の美しい公園が、オーデンセ川まで続いている。ここには後で立ち寄ることにして、アンデルセン博物館に急ぐことにした。この博物館は午後四時に閉館するのだ。土曜日は旅行者にとっては忙しいのであった。

アンデルセン博物館

ガラス張りのエントランスは、この博物館の規模の大きさを推量させるのに充分だ。チケット売り場の横に、各国語の小冊子が置いてあり、日本語版もあった。この大きな博物館をめぐるのに、これは重宝したのである。

最初にアンデルセンの生きた時代を説明する部屋があり、次の部屋のタイトルは、「アンデルセンの容姿」である。英語版冊子では「The man」とあったのだが。

実物大の像やパネルが展示されており、冊子にはアンデルセンの身長がほぼ一八五センチで、当時の人々の平均身長より二五センチも高かったとある。また奥目で、分厚いまぶたと大きな鼻を持っていたという。更に冊子には「彼の容貌は醜いと評価され、奇妙で、率直に言えば、不快感さえ与えました」と続く。そう思って像を見ると、確かに大きな鼻が目立つ。さすがに冊子の最後は「アンデルセンをだんだん良く知ってくると、彼の顔は生気に溢れ、精神の深さをしのばせ、彼の姿は風格があり…」と結んでいる。海外で貰う日本語のパンフレットの、ユニークな表現を少しは分かって貰えたであろうか。

博物館の中央に大きな「記念ホール」がある。アンデルセンの人生を八場面に表した大きな八枚のフレスコ画がホールを飾っているのだ。広い博物館を巡るのに、ここはちょっとした休憩室のような感じで、私たちも座って八枚のフレスコ画に見入った。

この博物館で興味を持ったのは、アンデルセンが切り絵に才能を持ち、その作品がたくさん展示されていたことである。アンデルセンがデザインしたという三羽の白鳥を切り絵にしたモビールを記念に買い求めた。薄い一枚のシートで、自分で組み立てるのだが、軽くて嵩張らずよい土産になった。

アンデルセンの生家の前で

博物館を出て、アンデルセンの生家を訪ねる。通りの一角に立つ黄色い石灰塗りの建物が「アンデルセンの生家」だ。幾度か塗り直しをしているのだろうか、黄色い外観が目を引く建物だ。この辺りは当時のオーデンセの最貧民街であったという。三棟からなる集合住宅で、アンデルセンが生まれた頃は五家族が住んでいたという。

アンデルセンが二歳の時、ムンケメッレストラーデ通りの家に引っ越している。コペンハーゲンに出る一四歳まで暮らした家で、「アンデルセン子供時代の家」として公開されている。聖クヌート教会から二〇〇メートルほどの所にあるのだが、ここには立ち寄る時間がなかった。

アンデルセンは一二年間この家に暮らしたのであるが、ジャッキー・ヴォルシュレガーは著書「アンデルセン―ある語り手の生涯」（岩波書店）の中で次のように述べている。

――一九世紀初期の貧しい家庭は、家賃が払えなくなってはひっこしをくりかえすのがつねだったため、一二年ものあいだ一家が同じ家に居ついたことは、当時としては、めずらしい経済的安定を意味する。

ここでアンデルセンの生涯を、ヴォルシュレガーの前著に基づいて簡単に記しておく。

ハンス・クリスチャン・アンデルセン

一八〇五年四月二日、オーデンセに貧しい靴職人の息子として生まれる。父二二歳、母アンネ・マリーは三〇歳位だったという。母には婚外子カーレン・マリーがいたが、母方の祖母に引き取られていたため、アンデルセンはこの異父姉には生涯ほとんど会うことがなかったが、この異父姉の影に怯え、悩まされたという。「赤い靴」の邪悪で奔放なヒロインの名はこのカーレン・マリーに因んでいるという。

一一歳で父を亡くし、母は洗濯婦として働くが、二年後再婚する。母よりはるか年下の三一歳の靴職人であった。狭い一部屋での義父母との同居が、オーデンセを離れたいという願望をつのらせたという。

一八一九年四月、堅信礼を受け、九月には生涯戻ることのなかったオーデンセを後にして、コペンハーゲンに出た。舞台俳優になるためだったという。

コペンハーゲンでの苦難の時を経て、三〇歳の時に上梓した小説『即興詩人』が、ドイツ、スウェーデンで翻訳されて脚光を浴びる。同年『子どものための童話集』第一集及び第二集を出版し、童話作家としての確たる地位を得た。

三三歳のときには、芸術家のための年金も受けられるようになった。こうしてみると、比較的若くして安定した生活を手にしていたと言えるだろう。

六九歳の誕生日には、国王より枢密顧問官の称号を贈られ、翌年コペンハーゲン郊外で七〇歳の生涯を終えた。生涯独身だったという。

注目するのは、アンデルセンが二九回にも及ぶ海外旅行をしていることである。近隣諸国はいうまでもなく、ドイツ、パリ、イタリアには幾度か出かけて、ユゴー、デュマ、ハイネ、グリム兄弟に会い、ロンドンのディケンズには二度も訪ねている。母アンネ・マリーの死を知らされたのも、イタリアに滞在中の時であったという。

尚アンデルセンの国外旅行については、マイケル・ブース氏の『ありのままのアンデルセン』(晶文社)に詳しい。のべ九年間をデンマークの外で過ごしたことになるという。

アンデルセン公園に再びもどり、アンデルセンの母が洗濯をしていたというオーデンセ川のほとりで、しばらく休むことにした。

思ったより川幅のある、きれいな水の流れる川岸には、ニワトコの木々を背に自転車で走り抜ける人や水鳥と遊ぶ幼児らがいて、緑に囲まれた絵の中を動いているように見える。ニワトコの木は北欧では〝不死の象徴〟とされており、アンデルセン童話にも『ニワトコおばさん』という作品がある。

アンデルセンがオーデンセに住んでいた当時も、ここは屈指の景観地だったらしい。水車からほとばしる水の流れ、馬車に乗って橋を渡る農夫の姿、またニワトコの木々の間から見える川向こうの丘を眺めて、アンデルセンは『わが生涯の書』の中で、「一幅の絵のような美しさだった」と回想している。

また夏の夕べ、即興の歌を歌い、川向こうに住む名士たちに、「フュン島の小さな夜啼き鳥」と称されて、有頂天になったとも記している。

アンデルセン公園はよく整備された大きな公園だが、聖クヌート教会の尖塔を目印にすると迷うこともない。すでに午後も六時を過ぎており、私たち三人は少しくたびれた顔を見合わせて、誰がいうともなく、ホテルのある方に向かった。最後に聖クヌート教会裏に立つ巨大なアンデルセンの銅像の前にでた。毎年四月二日（アンデルセンの誕生日）、オーデンセの人々は、この銅像の前に集まり花輪を手向けるという。

さて、北欧ミステリ小説にアンデルセンは登場しているのだろうか。私の読んだ限りでは、先に引用したエーリク・ヴァレア作『7人目の子』（早川書房）だけである。

この本の中で、登場人物の一人ニルス少年がアンデルセンと対話する場面がある。ニルスの父親はアンデルセンの墓があるアシステンス墓地で夜警をしているという設定で、少年はこの墓地でよく遊んでいた。墓から詩人の魂が立ちのぼり、少年は『パンをふんだ娘』の童話について、何故あのような結末になったのか問い詰める。二ページ半にも及ぶ長い対話である。あの長い対話が何故この本には必要だったのか、私は今でもよく分からないのである。

この『7人目の子』を読んだのは数年前であるが、アンデルセン童話『パンをふんだ娘』というタイトルは、ずっと長く私の記憶に残っているのである。『7人目の子』については後の章でも述べる。

ホテルまで歩いて帰った。バスやトラムに乗ると、その土地の人々の暮らしを垣間見ることもできて、旅の楽しみの一つなのだが、オーデンセでは、全て徒歩で間に合う一日であった。トラムも走っていなかった。

ホテルの狭い部屋のベッドで足を伸ばし、村上春樹のことを考えた。市庁舎で行われた授賞式のスピーチで、村上春樹は、アンデルセン童話の一つ『影』について述べたという。これは、村上春樹の作品を翻訳しているデンマーク人女性メッテさんの紹介により取り上げたものだという。最近公開されたドキュメンタリー映画『ドリーミング　村上春樹』を見て知った。また、この映画にはオーフスにある会社で、本の表紙のデザインについて話し合う場面があり、少しだけだがオーフスが登場する。映画は、コペンハーゲンの王立図書館で村上春樹とメッテさんが対談する直前で終わる。

この王立図書館はブラック・ダイアモンドと呼ばれる外壁が黒い大理石と、ガラスで覆われた八層吹き抜けの有名な建物だ。先の旅行のおりに、この図書館に隣接する旧館の庭に立つキェルケゴールの銅像を見に行ったことがあるのだ。

メアリー皇太子妃と並んだ、授賞式の写真が載った古い新聞を見ていると、村上春樹は、デンマークという国について、どのような印象を持ったのだろうかと思った。ここは、今もなお、アンデルセンのいる【幸せの国】と映ったであろうか。

私たちの旅も四日目の夜を迎えて、この国にも馴染んできたように思える。アンデルセン童話の一つでも思い出しながら眠ることにしたのだが、私の身体は、アンデルセンはもうよいと言っているようであった。アンデルセンの跡を追って、一日中歩きまわったので、いささか食傷した気分になっていたのだ。

私は、もう少し硬派な小説でも読んで眠ろうと思い、手荷物の中を探ってみたのである。

第四章　ロスキレ　――大聖堂でマルグレーテ一世と対面

六月一一日。

今日は正午過ぎの列車に乗ってロスキレに行く。午前中にフュン野外博物館に行くつもりにしていたが、急遽予定を変更して、鉄道博物館に行くことにした。オーフスで同じような野外博物館はすでに経験した。鉄道博物館には、一度は行ってみたいと思っていたのである。イギリス旅行のおりに、ヨークにある世界最大級の「国立鉄道博物館」に行こうとして、時刻表と格闘したことがあった。キースリー&ワース・バレー鉄道の蒸気機関車に乗る前に、リーズからヨークまで往復して行こうとしたのだ。

いつものことなのだが、旅の日程の短さと、海外での列車の本数が少ないために、計画が思うようにはいかないことが多いのだ。

一〇時開館の鉄道博物館に行く前に、駅前に広がる王宮公園を散歩することにした。緑の芝生にひときわ目を引く、真っ白な建物がオーデンセ城である。ここはかつて王室がオーデンセを訪問する時に利用する城であったが、一八四九年デンマークが絶対王政から立憲君主制へ移行した際に、王家の所有する城は国の所有へと移った。現在のオーデンセ城はアトム（県に相当する行政単位）や、その他の事務所として使用されているという。

バロック様式の広い庭園を通り抜けて、前日歩いた旧市街を歩いて駅前にもどった。

デンマーク鉄道博物館は、駅のすぐ北側にあるのだが、鉄道の線路向こうにある建物にたどり着くのに苦労した。

デンマーク鉄道博物館

博物館の建物は円形の機関車庫として、一九五四年に建てられたもので、一九七五年にデンマーク鉄道博物館としてオープンした。

入口を入ると、一八六九年製の最も古い車両から二〇世紀のものなど、さまざまな車両が並んでいる。またもや多くのマネキンが目に入る。談笑している機関士たち、客車の入口に立つ車掌、ベンチに座り発車を待つ人たちなど。思わず声をかけそうになるほどリアルである。一等車の豪華なサロンカーに乗ってみた。三等車に入ると、窓辺に座るマネキンの青年と遭遇した私たちは、びっくりしたのであった。

先に述べたように、デンマークに鉄道が敷設されたのは一八四七年である。ドイツでは既に一八三五年に鉄道路線が敷かれており、アンデルセンは一八四〇年（三五歳）、ドイツ旅行のおりに、初めて蒸気機関車に乗っている。「日記」にその時の興奮と驚きを無邪気に書き残している。

一八五〇年代から六〇年代のデンマークは、鉄道建設、電信の導入、郵便制度の確立など経済的に発展した時代であった。農村から都市へ、新しい工場で働くために移動する人た

鉄道博物館のマネキンたち

ちが多く現われた。あのベンチに座っていたマネキンの女性や、三等車の窓辺に座る青年も、そのような人たちだったのだろうか。

マネキンたちに別れをつげて、鉄道博物館を後にした。


ロスキレ行きの列車に乗る前に、前日も食べたパニーニを食べるために駅構内の売店に行く。パニーニとはイタリア発祥のホットサンドイッチのようなもので、溶けたデンマーク産チーズが非常に美味しかったので、二度も食べることになったのである。ハーフサイズのパニーニの値段は五五クローネであった。


一二時二〇分、オーデンセを出た列車は、フュン島の東端ニューボーに向け出発した。ニューボーからストアベルト海峡を渡り、シェラン島の西端コセーアまでは、デンマーク鉄道のハイライト区間と言われている。どういうことかと言うと、列車が海の上を走行する絶景ポイントなのである。

列車は一五分走って、ニューボー駅に一二時三五分到着した。

いよいよ海が見えてきた。列車は吊り橋上の線路をぐんぐん下り海に突入する。実際は浅瀬に敷かれた線路上を走っているのだが、まさに海の上を走行しているようだ。その先に海底トンネルがある。トンネルを抜けると、もうシェラン島のコセーアに到着する。海の上を走るのは三分半位で、トンネルを抜けるのに三分ほどかかる。これがデンマーク鉄道で、最も人気のある区間なのである。本当にあっという間の海上走行であった。

このトンネルと橋でストアベルト海峡を横断するルートが開通したのは、一九九七年六月である。それ以前はコセーアから、或いはニューボーからフェリーが運航されていた。列車ごとフェリーに乗って、一時間ほどかけて海を渡ったのだ。

このストアベルト海峡を渡る一〇分にも満たないあいだ、私はそわそわと落ち着かない気分であった。橋の下に大きな島が見えてきた。隣に座る老婦人に、

――「あれはスプロー島ですね」と尋ねる。老婦人は、

「スプロー島？　スプロー島？」と繰り返すばかりだ。

私はこの時のために、ユッシ・エーズラ・オールスンの『特捜部Q―カルテ番号64―』（早川書房）の本の表紙をコピーしてきた。これは都市名や人名の発音に自信がないからで、道を尋ねる時にも、外国語表記のところを指し示すというふうにしているからである。

ところが、コピーはスーツケースの中にあることに気付いた。それではと、バッグに入れておいたノートを開くと、日本語でスプロー島、黄色い建物と書いてあるだけであった。

隣に座る老婦人は英語をあまり話せず、ましてや「特捜部Q」シリーズのようなミステリ小説を読むようにも思えなかった。諦めて写真を撮るだけにしておいた。

スプロー島とは、ストアベルト海峡に浮かぶ小さな島のことで、ここに女子収容所があったという。作者のユッシ・エーズラ・オールスンは『特捜部Q―カルテ番号64―』の巻末で、次のように注記している。

――実際に存在し、法律または当時の倫理観に反したか、あるいは〝軽度知的障害〟があることを理由に行為能力の制限を宣告された女性を収容していた。

また、無数の女性が不妊手術の同意書にサインしなければ、施設すなわちこの島を出られなかった…。こうした人権侵害にあった人々に対する賠償金の支払いも、謝罪も行っていない。

『特捜部Q―カルテ番号64―』は、かつてこの島に収容されていたとする女性を主人公にした小説で、「特捜部Q」シリーズは、デンマークで最も人気のあるミステリ小説である。日本でもこのシリーズは八冊、翻訳出版されている。

かつて収容所であった黄色い建物は、すべて改築されて、今では国際会議に使われたりしているというが、黄色い建物は確認できなかった。シェラン島の方から行くと、よりはっきり見えるらしい。この本にはそのように描写されている。

ぼんやりしているうちに、風力発電の風車も見逃してしまった。今回の旅行前に、写真集で浅瀬に並ぶ風車を見ていたので、よもや見逃すことになるとは思いもしなかった。リーベに行く途上、フレデリシアを過ぎたところで、風車を二基見たと記したが、このストアベルト海峡で、ずらりと並ぶ風車を見るはずであったのだ。


デンマークは世界に先駆けて風力発電を行なった国である。これまで風車は主に製粉や揚排水のために利用されてきたが、一八九一年、国民高等学校の教師ポウル・ラ・クーアが発電のための実験用風車を農村に作り、風力発電機の開発に成功した。一九〇三年には、デンマーク風力発電会社を設立している。生涯で三二基の風力発電機を設置したという。

しかし、次第に化石燃料による発電に押され、風力発電は顧みられなくなった。だが、一九七三年に起きた石油危機を契機に、風力発電は見直されるようになった。

これまで九割を外国のエネルギー資源に頼ってきたデンマークは、国家エネルギー計画の策定で、二〇五〇年までに化石燃料をゼロにする目標を掲げている。

二〇一七年度は、国全体の消費電力の四三・六％を風力発電だけで賄っている。また現在世界で稼働中の風力タービンの半分がデンマーク製であるという。

私はネレ・ノイハウス（ドイツ）の『穢れた風』（創元推理文庫）とC・J・ボックス（米国）の『冷酷な丘』（講談社文庫）の本を読んだことを思い出した。タイトルから想像して欲しいのだが、いずれの作品も風力発電を背景にした小説である。


一二時四七分、シェラン島のコセーアに到着した列車は、ソレを通りリングステズの駅に到着すると、大勢の乗客が乗り込んできた。ここはもうコペンハーゲンの郊外と言ってもよいほどの距離で、乗り込んできた乗客も大きなスーツケースを持つ人はおらず、身形も普段着っぽいものであった。

私たちのスーツケースは、荷物棚にきちんと置かず、乗車口の比較的広いスペースに置いたままにしていたので、少し気掛かりになってきた。友人と荷物の確認に行くことにした。私たちの指定席から乗車口までは大分離れていたのである。

そこに行ってみると、友人二人のスーツケースはあったが、私のものは見当たらない。入口の広いスペースには折りたたみの椅子があり、そこに横座りにして編み物をする女性に尋ねると、「知らない。しかし、（荷物は）ネバー、ディスアピア」という。荷物置き場の棚や、前の車輌の荷物置き場も探してみたが見当たらなかった。DSBの帽子を被った車掌がやってきたが、のんびりとした調子で、「どこから乗車したのか」「どこまで行くのか」と尋ねるだけであった。すると若い女車掌もやってきて、二人で何やら話し合っており、一向に埒があかないのだ。その間にも件の編み物をする女性は「ネバー、ディスアピア」と叫んでいる。

その時、車掌が網棚の上にある黒いスーツケースを指さしたので、「あれは私の物ではない。私のスーツケースは赤紫色だ」と答えた。暫くして、再び車掌はその黒いスーツケースを今度は裏返したら、表面が赤紫色の私のスーツケースであった。またまた件の女性が「ネバー、ディスアピア」と言った。彼女は最初から私のスーツケースが、網棚の上にあるのを知っていたのかもしれない。

とんだ茶番を演じているうちに、一三時三三分ロスキレ駅に到着した。ロスキレ駅前はひっそりと静まり返っており、旅行者らしき人影も見当たらない。広い通りに出て、やっと人影がちらほら見られるようになった。

予約していたホテルは白亜の立派な建物で、フロントは建物を回り込んで、小さなパテオの更に奥にあるという変わった造りである。パテオには白いテーブルと椅子が置かれており、ここで暫く休憩した後、ロスキレ大聖堂に行くことにした。

大聖堂前の広場には観光地らしい賑わいがあった。多過ぎるというほどではなかったが。


ロスキレ大聖堂は、オーフス、リーベの大聖堂やオーデンセの聖クヌート教会とほぼ同時代に建てられたレンガ造りの聖堂であるが、最も新しく建てられたような華麗さである。オーフス大聖堂などの古色蒼然としたレンガ造りとは少し異なった趣がある。焼成レンガを使っているというが、オーフス大聖堂のレンガとは違うのだろうか。

この日は日曜日で、観光案内所は開いておらず、パンフレットを貰うことができなかったので、手持ちの旅行書だけを頼りに聖堂内に入った。

ロスキレ大聖堂

デンマーク王朝の始祖とされるゴーム老王の子ハーラル青歯王は、神聖ローマ皇帝オットー二世との戦いに敗れ、イェリングからロスキレに居を移したと先に記した。ハーラル青歯王がこの地に建てた聖堂のあった場所に、アブサロン司教がこの聖堂を建てた。ある本によると一一七〇年ごろ着工、一二七五年完成とあったのだが、アブサロンは一一七七年にルンドの大司教になり、一二〇一年に没したとデンマーク初の歴史書『デンマーク人

マルグレーテ一世

の事跡』にはあり、私が見た本の記述が正しいのか少し疑問が残るのである。

　ともあれロスキレ大聖堂は、レンガ造りの最初のゴシック教会である。奥行き八六メートルは、オーフス大聖堂より劣るが、間口二八メートルはオーフスより広いのではないだろうか。聖堂に一歩足を踏み入れると、オーフス大聖堂には見られなかった華麗な身廊が祭壇へと続く。側廊の柱にもレンガがあしらわれ、華やかな雰囲気である。

ロスキレ大聖堂

　祭壇衝立の後ろにまわると、マルグレーテ一世の装飾石棺はあった。石棺の上にはマルグレーテの像が横たわっている。マルグレーテ一世との対面だ。これは、三〇歳位のマルグレーテ像と推定されている。先に述べたように、王冠をつけた美しい女性像で、三〇歳にして早や「国母」のような風情を漂わせて、目を閉じている。実は、私たちが初めてこの像を目にしたのは二〇一五年のスウェーデン旅行のおりだった。カルマル城で見たのだ。
ロスキレ大聖堂の棺に横たわるマルグレーテの像は、特に強い印象を与えるというものではなかった。史実だけをみれば、もっと強く、私たちのこころを捉える像であってもおかしくはないと思えるのだが。

ここは歴代の王や王族の柩が安置されている聖堂である。どこを見ても柩だらけだ。いちばん古いものはハーラル青歯王のもので、その息子スヴェン双叉髭王、その孫のスヴェン二世の柩は安置されているが、以後マルグレーテ一世までの歴代の王の柩はない。マルグレーテの父ヴァルデマー四世は、ソレの教

ロスキル大聖堂の前で

会に埋葬されている。マルグレーテも没後ソレに埋葬されたが、翌年ロスキレ大聖堂に改めて葬られたのである。

　ソレはロスキレ駅の二つ手前に停車したところで、今日、列車で通ってきた。


　イェリング朝以来五〇〇年余り続いたデンマークの古王朝は、一四四八年クリストファ三世の死をもって終わったと先に述べた。オレンボー朝時代に移って、初代のクリスチャン一世（一四四八〜一四八一年在位）以後、王や王妃その他の王族の柩は現代に至るまで、ここロスキレ大聖堂に安置されているという。

　旅行書には四〇体以上の石棺が、ロスキレ大聖堂には安置されているとあったが、現女

クリスチャン一世廟

王マルグレーテ二世の父フレデリク九世（一九四七～一九七二年）の柩は、聖堂に隣接する礼拝堂に安置されているという。聖堂内に柩を置くスペースがなくなったからだという。

ところで、新聞報道で知ったのだが、現女王マルグレーテ二世の夫ヘンリク殿下（フランス出身）が、二〇一八年二月一三日に死去したという。殿下は前年八月に「妻の隣に埋葬されたくない」と表明していた。これは、マルグレーテ女王が即位した後も、ヘンリク殿下は「キング」ではなく「プリンス」の称号が使われたことに対する不満の表明という。女王は殿下の意向を汲んで、遺灰の半分をデンマークの海に、残りを王室の邸宅敷地内に埋葬されるという。また、「これにより四五九年の伝統（王族はロスキレ大聖堂に埋葬される）が破られることになった」と、新聞は報じている。

因みに、現女王マルグレーテ二世とヘンリク殿下は、スコットランドで友人の結婚式に出席した時に、初めて出会ったという。また現女王は、ケンブリッジ大学、ソルボンヌ大学を含む五つの大学で学ばれたという教養ある女性だ。

さて、ここにあるたくさんの柩の中から、身廊の左側廊に安置されている、ブルーの地に白い装飾をほどこした柩に横たわるクリスチャン四世について述べておきたい。

クリスチャン四世

クリスチャン四世（一五八八～一六四八年）は、国歌にも登場するデンマーク史上、最もよく知られた、また最も長く王位についた王である。

一五七七年に生まれた。母ソフィーエはドイツのメクレンブルク家出身だ。父フレデリク二世が没した時はまだ一一歳であったため、親政を開始したのは一五九六年で、一九歳の時である。

この頃のデンマークは平和な繁栄した時代であった。マルチン・ルターによって始まった宗教改革はデンマークにも及び、クリスチャン四世の祖父クリスチャン三世はこれに倣って宗教改革を行った。それにより教会の有していた莫大な富と権利を得ることができた。

また北イタリアに始まったルネッサンスの波が、ようやくデンマークに浸透してきた時代でもあった。そしてまた、ウアスン海峡の通行税で国庫は潤っていたのである。このようなよい時代にクリスチャン四世の治世は始まったのであった。

クリスチャン四世は「建築王」と称されるように、オランダ・ルネッサンス様式の優美な城を作り、ボースン商品取引所や天体観測所のための円塔など数多くの建物を作った。対外的には、北欧三国の覇者たることを顕示しようとして、着実に国力を増強してきたスウェーデンに対して、カルマル戦争（一六一一～一三年）を起こした。この戦争は、交易の妨げになる戦争を早く終結させたいオランダ商人の思惑で、イングランド王ジェームズ一世が調停に入った。和議が成立して、デンマークは多額の賠償金を得ることができた。

一六二〇年、アジアへの探検隊を派遣して、インドの東南海岸にアジア交易の拠点を置いた。この一六二〇年代のクリスチャン四世は、ヨーロッパで最も裕福な王の一人であったと云われている。

しかし、クリスチャン四世の栄光の時代は、三十年戦争（一六一八～一六四八年）に介入することにより終息を迎えることになる。三十年戦争とは、ドイツを舞台とした三〇年にわたるヨーロッパ諸国を巻き込んだ戦争のことである。デンマークはこの戦争の第二期（一六二五～一六二九年）に参戦して敗北を喫した。

一方でスウェーデンの国王グスタフ二世アドルフも、この戦争の第三期（一六三〇～三五年）に介入して、こちらは勝利をおさめた。

この両者はカルマル戦争で既に相まみえている。グスタフ二世・アドルフは戦術にたけた若い（一七歳）国王であった。それから二〇年余、グスタフ二世アドルフはこの三十年戦争で戦死するのだが、「北方の獅子」「殉教者グスタフ」と称えられた。

クリスチャン四世は、この隣国の年下の英雄に羨望の念を抱いていたに違いない。

三十年戦争で敗北したクリスチャン四世は、財政難を解消するためにウアスン海峡の通行税を引き上げた。これがスウェーデンを刺激して、トルステンソン戦争（一六四三～四五年）が始まった。トルステンソンとは、スウェーデン軍の将軍の名前である。敵将軍の名前を付した戦争であるから、当然のことながらデンマークの惨敗に終わった。この戦争でクリスチャン四世は負傷して右目の視力を失った。

敗戦後、国土は疲弊し、国庫は底をついた。その二年半後クリスチャン四世は失意のうちに世を去った。七一歳であった。王を埋葬する時点で王冠は質に入っており、柩を覆う絹布までもが、つけで購入せねばならなかったという。

ロスキレ大聖堂に安置された、クリスチャン四世の青い装飾石棺の後ろには、右目に眼帯をして戦うクリスチャン四世の大きな壁画がある。絵は一八六五年に描かれたものだが、これはトルステンソン戦争で、一時デンマークがスウェーデンに勝利した、コルベアー・

ハイデの海戦を描いたものである。

国歌に登場するというのは、この絵にあるように、右目を負傷してなお戦うクリスチャン四世の勇壮さを歌ったものである。なおデンマーク国歌は二つあり、王室の行事において斉唱される「王室国歌」と、それ以外の時に歌われる「国民国歌」である。

ここに安置されている、たくさんの柩を見ているうちに、どれが誰の柩なのか、もうどうでもよいと思えてしまった。それほど多くの柩が、私には無秩序とも思えるように並べられており、イギリスのウェストミンスター大聖堂にあった、「見学順路」というような表示もなく、私たちはただ漫然と聖堂のなかを歩きまわったのであった。

二階に上がると、ヴァイキングの兜と盾を横に置いた、「公爵のミイラ」と名付けられた石棺があり、これがいちばん印象に残った。その大きさに圧倒されたのだ。

ロスキレ大聖堂を出た私たちは、北側に広がる広大な市立公園を通り抜けてロスキレ・フィヨルドを見るために散歩することにした。かなりの距離を歩くことになったが、私たち三人は揃って健脚である。海外旅行で最も必要なのが、この健脚であるということだと思う。私たちは一日に二万歩も歩いたことがあるのである。

緑あふれる芝生の上に、ピクニックシートを広げた家族づれや、ボール遊びをする若者を横目にして、フィヨルドを目指した。

公園内で、「フォルケホイスコーレ」と彫られた大きな石碑を見かけた。フォルケホイスコーレとは、直訳すれば「国民高等学校」と訳される寄宿制の成人教育をする学校である。フォルケ（人々の）とあるが、公立の学校ではない。その歴史は古く、「近代デンマークの父」と称される神学者N・F・S　グロントヴィの構想に基づいて、最初の学校は一八四四年に設立された。グロントヴィは先にも触れた。ヴィーゲラン（ノルウェー）は、オーフス大聖堂のステンドグラスを、彼の賛美歌の一つに触発されて作ったのであった。先に述べた風力発電を最初に作ったポウル・ラ・クーアも、ドイツ国境に近いアスコウのフォルケホイスコーレの教師であった。

この学校は現在も続いており、デンマーク全国に七〇校前後の学校が存在するという。各学校が独自の特色を持ち、年齢制限以外には入学資格を問わず、日本からの留学生もみられるという。

大きな石の後ろに学舎があったのか判然としない。学校の跡地だったのかも判然としない。ただ、石に彫られた、「フォルケホイスコーレ」の文字だけが、私の記憶の中に確かに残されているだけである。

この日は汗ばむような初夏らしい陽気であった。フィヨルドに着いて、早速アイスクリームを買い求めた。ヨーロッパ旅行では、いつもアイスクリームを食べていたように思えるのだが、北欧では初めて食べることになった。

フィヨルドと言えば、どのようなイメージを持たれるだろうか。私たちが二〇一六年ノルウェーに行ったことは既に述べた。その時にソグネフィヨルド（ノルウェー西部）のクルーズ船に乗った。屹立する鋭い山あいを、幾つもの村に停船しながらフェリーで行くのであった。その時の印象から、両側に険しい山が迫る風景を想像していたら、目の前には明るい海が広がっているだけであった。そう言えばデンマークの最高地点は、山とも言えないような一七〇メートル余りだったのだ。国語辞書によると、フィヨルド（峡湾）は「陸地に深く入り込んだ細長い湾。氷河によって生じたもの」と、簡潔に説明されている。

ロスキレ・フィヨルドには大勢の人が集い、夏の海水浴場のような風景であった。左手向こうの公園の中に、ヴァイキング博物館の建物が見えた。

リーベにもヴァイキング博物館はあった。私たちはノルウェーのヴァイキング博物館は見学したのだが、今回は見学する予定はなかった。しかし、やっぱりデンマークのヴァイキング博物館も、一つぐらいは見学しておくべきだったと後で思ったのである。

ロスキレ駅前があのようにひっそりとしていたのは、ロスキレの人々が、こちらのフィヨルドに集まっていたからだと思わせるほどの人々は、いつまでたっても、大人も子供も帰る気配がない。日曜日の午後六時過ぎである。いつから彼らはここで〝遊んで〟いるのだろうかと思った。

のんびりと日曜日を過ごす、というのは分からないでもない。しかし、せめて観光案内所を二、三時間だけでも開けておいてくれないものかと、私は思ってしまうのであった。若い旅行者にとっては、観光案内所が開いていなくても、スマートフォンがあれば充分なのであろう。しかし、観光案内所で地元の人と交わす会話は、スマートフォンでは得られないものだと思うのである。

第五章　コペンハーゲン　――クロンボー城とクリスチャニア

六月一二日。

オーフスから始まった旅も残すところは僅かとなった。

朝のロスキレ駅には、大きなリュックサックを背にした旅行者の姿も見かけられて、ほどほどの混雑ぶりであった。

Ｒｅ（普通列車）に乗り三〇分も経たぬうちに、コペンハーゲン中央駅に到着した。まだ九時半にもなっていなかったが、予約していたホテルにスーツケースを預けるために向かった。この駅裏のホテルは、二年前にも宿泊したことがあるのだ。

その時の旅は、ストックホルムから出発してダーラナ地方の夏至祭を体験した。またカルマル同盟が結ばれたカルマル城を訪ねた。それからヨハン・テオリンの小説の舞台であるエーランド島に行き、更に南下してマルメまで行くというものであった。

マルメからコペンハーゲンのカストロップ国際空港へは、頻発している列車で二〇分ほどだ。そのまま一五分走行して、コペンハーゲン中央駅に着くという便利さである。

そのようなわけで、私たちはスウェーデン旅行の最終地マルメからコペンハーゲンに行き、この駅裏のホテルで二泊したのであった。カストロップ国際空港から帰国する前に、コペンハーゲンのおおかたの観光地を訪れており、当地の地図や、パンフレットも既に入手しているのである。

そこで、今日はクロンボー城と、前回訪れることができなかった、クリスチャニアという自治コミュニティだけを訪れる予定にしている。

まず、明日のマルメからヨーテボリまでのチケットを買っておかねばならない。案じた通りチケット売り場は混雑していた。何とかチケットを購入して、次いでシティ・パスも手に入れた。これは値打ちの

クロンボー城

ある一日乗車券で、明日の朝、コペンハーゲンからマルメまで行く時にもこれを使用する。二四時間使用可能で、料金は僅か八〇クローネだ。

クロンボー城のあるヘルシンオアに行くために、列車の発着するホームに向かった。

デンマークのリヴィエラ

私にはクロンボー城に行こうと思った理由が二つあった。

一つは、コペンハーゲンからクロンボー城のあるヘルシンオアに至る海岸線は、〝デンマークのリヴィエラ〟と呼ばれている、ということを知ったからである。

リヴィエラとは、イタリア北部のリグリア海に面した海岸地方のことで、ジェノバを中心にピサまでの東リヴィエラと、ジェノバからフランスのニースに至る海岸線をいう。

私は一九九七年にイタリアに行ったおり、ローマからジェノバまでの海岸線を列車で北上した時に、東リヴィエラの車窓風景を楽しんだ。また二〇〇六年にフランスに行った際には、西リヴィエラの一部だが、マルセイユからリヴィエラ女王と称されるニースを通り、モナコのモンテカルロ駅まで乗車した。東西リヴィエラの美しい海岸線は、どちらのルートも、車窓から充分に堪能することができたのであった。

もう一つの理由が、先に述べたミステリ小説『7人目の子』の舞台が、これから通るスコスボーで、ここはとても美しいところであるらしいのだ。

この海岸線の終点がヘルシンオアだ。ここにクロンボー城はある。もしもクロンボー城が他の場所にあったならば、私の旅の計画は違ったものになっていたはずである。

ともかくも、私は〝デンマークのリヴィエラ〟を車窓から見ることを、今回の旅行のハイライトと位置付けていたのである。リーベでもなく、ロスキレでもなく。

ヘルシンオアまで四六キロのＲｅ（普通列車）は、途中一七の駅に停車しながら、五〇分ほど走行する。路線図を拡大コピーしたものを手にして、私たちはＲｅの乗客になった。

最初の駅ヴェスターポートを過ぎて、ノアポート駅に到着した。ここにはローゼンボー離宮があり、市の中心街にも近い。次のエスターポート駅は、前回の旅行で苦労させられた駅だ。アンデルセンの〝人魚姫の像〟を見るために中央駅から市バスに乗った。帰りはカステレット要塞のある広い公園を通り抜けて、エスターポート駅から市中に戻る予定であった。旅行書には徒歩二〇分とあったが、公園は広く、公園を通り抜けても駅はなかなか見つからなかったのであった。

五つの駅を通り過ぎて、クランペンボーに到着した。有名なベルビュー・ビーチのあるところである。デンマーク屈指のリゾート地だ。

どうしたのだろう、私は少し不安になってきた。列車は海岸沿いを走っていないのだ。この辺りは高級住宅街だということは知っていたが、列車が海岸沿いを走らないということは知らなかったのである。

ここにきて、「最後に訪れる予定地ベルビュー・ビーチ」と初めに書いたのは、あれは海岸沿いを車窓から、ただ眺めるつもりだったのだと、告白せざるを得なくなった。

私は、萩原健太郎氏の『写真で旅する北欧の事典』を開いては、〝ベルビュー・ビーチ〟の写真をしばしば眺めて、スコスボーにあるコングスロン養護院のイメージに重ねていた。白い砂浜に、背の高いブナの木が植えられた芝生が続く、七〇〇メートルに及ぶ美しい海岸線を。結局のところは、海辺の風景はついに見ることができなかったのである。

ベルビュー・ビーチには先に述べたように、アーネ・ヤコブセンが手がけた多くの建築群がある。せめてもと、ヤコブセンの造った〝監視塔〟の先だけでも見えないものかと期待したのだが、これも適わなかった。

クランペンボーまでは、コペンハーゲンからエストーのC線も運行されている。

次の駅がスコスボーで、エーリク・ヴァレア作『7人目の子』(早川書房)に登場するコングスロン養護院のあるところである。この児童養護施設はスコスボーの海岸通りにあり、一二本のブナの木に囲まれた建物は、一面を蔦に覆われ、七本の煙突が海峡を越えたスウェーデンを見晴らしていると描写されている。

建物の由来は、本(『7人目の子』)によると、次のように記されている。

――この館は、一八四八年から一八五〇年のあいだに、ある著名な建築家によって建てられました。一説では、絶対君主制時代の最後の国王であったフレデリク七世の援助もあったそうです。

――コングスロンの屋敷は母子支援協会が一九三六年に買収するまで、代々受け継がれてきたのです。

『7人目の子』は、デンマーク国民の関心を大いに集めたといわれている、〝コングスロン事件〟と呼ばれる実際にあった話をもとにした物語である。こう聞くと、建物の由来も事実なのかどうか、私には最後まで分からずに終わった小説である。

作中で、

――五〇年代から六〇年代にかけて、デンマーク人は何千人もの非嫡子を養子に出していた。一九七三年に妊娠中絶が合法化されて、ようやくその数は減ったんだ。

また、

――当時デンマークには五十を越える養護施設があったのですから…デンマークには、親に捨てられた子供の住む家がたくさんありました。

と、語られているように、非嫡出子のたくさんの子供たちが、児童養護施設に預けられ、養子として引き取られたというのは事実である。

こうした児童養護施設では、さまざまな問題が発生している。例をあげると、施設の子供たちに対する性暴力も含めた暴力、また抗精神剤などの薬物を投与するといったこともあったという。後にコペンハーゲン郊外のゴズハウン少年養育施設を中心に、一九ヶ所の施設の調査が行われて、二〇〇〇年代半ばに報告書が公表されたという。

この報告書をもとにして、映画『きっと、いい日が待っている』が作られた。監督は、第一章で記したテレビシリーズ『犯罪ジャーナリスト・ディクテ』を演出したイェスパ・W・ネルスンである。

ともあれ、小説『7人目の子』は暴力と薬物投与の物語ではなくて、スコスボーの美しい海岸線に立つ養護院で、同じベビールームにいた七人の子供たちのその後の物語と、ある大物政治家との関係を描いた小説である。

この小説の主人公であるマリーは、コングスロン養護施設の対岸にあるヴェン島をいつも眺めているのだが、こんな場面がある。

――遠くに見えるヴェン島の影を眺めている。学者であり冒険家でもあったティコ・ブラーエが数世紀前にそこに天文台を建てたそうだ。

実際にティコ・ブラーエ（一五四六～一六〇一年）は、フレデリク二世の要請を受けて、一五七六年に二つの天文台をここに建設している。王の後を継いだ若いクリスチャン四世からはこれまでのような支援を受けることができずに、ティコはプラハに渡った。晩年はケプラーの師として知られている。クリスチャン四世はティコに充分な支援をしなかった穴埋めなのであろうか、一六四二年、コペンハーゲンに天体観測所を建設した。今も円塔として一般公開されている。またコペンハーゲン中央駅の東に、ティコ・ブラーエの名を冠したプラネタリウムもある。

この小説の登場人物の一人は天文学者である。事実に基づいてこの小説は書かれたというが、どこまでが事実なのかよく分からない小説である。前にも述べたが、アンデルセンもしばしば登場するのだ。市民王と呼ばれたフレデリク七世の逸話も多く語られる。

さて、スコスボーでの長い途中下車になってしまった。

四つの駅を通り過ぎたフレムベックには、ルイジアナ現代美術館がある。ここには世界屈指といわれるコレクションがある。またスウェーデンを一望する大きな庭園もある。ここからウアスン海峡を眺めてもよかったのだ。クロンボー城も見えるのだろうか。

海岸通りを見ることもなく、ついにヘルシンオアに到着してしまった。

『七人目の子』の登場人物の一人は、しばしば〝海岸通りを走るバス〟に乗って市中へ出かけているのだが、私たちもＲｅではなく、市バスを利用した方がよかったのだろうか。

〝デンマークのリヴィエラ〟を見るためには。

ヘルシンオア

ウアスン海峡を挟んで、スウェーデンとデンマークは対峙している。海峡が最も狭まるところに、ヘルシンオアはあり、シェークスピアの『ハムレット』の舞台とされるクロンボー城がある。対岸のスウェーデンのヘルシンボリとは僅か五キロしか離れていない。

ウアスン海峡はハンザ商人を初めバルト諸国にとって要衝の地であった。マルグレーテ一世によるカルマル同盟の成立は、ハンザ同盟に制限を加えることができた。マルグレーテ没後、エーリク七世（マルグレーテの養子）は、ドイツとの国境地帯であるスリースヴィーを取り戻すために戦争を始めた。この戦争にハンザ同盟が参加して、北欧諸国との交易を妨害した。エーリク七世は一四二二年、ウアスン海峡の封鎖にとりかかった。そして、一四二九年、ここを通過する船舶から通行税を徴収することにしたのだ。この通行税は後の王たちに莫大な収益をもたらすことになった。なお通行税は一八五七年に廃止されている。

この海峡を守るためにエーリク七世は城砦を築いた。これがクロンボー城のもとになるもので、壮麗なルネッサンス様式の城に改築したのがフレデリク二世で、一五八五年に完成した。火災や戦禍により最終的に現在みられる姿になったのは一九二四年である。

一八二六年の春、アンデルセンはシェラン島西部の地方都市スラーエルセの文法学校から、ヘルシンオアのラテン語学校に転校してきた。先に引用した『アンデルセン—ある語り手の生涯』の著者ジャッキー・ヴォルシュレガーは次のように述べている。

——一八二六年当時のヘルシンオアは、一六世紀末期にイギリスの役者たちが巡業で訪れたこぎれいな市場町から変わっていなかった。シェークスピアもここを訪れたかもしれない。

——すでに一八一六年にここではじめての『ハムレット』が上演されていた。

またアンデルセン自身は、パトロンの王立劇場支配人ヨナス・コリーンに次のように書き送っている。

――まるで小さなコペンハーゲンのようです。……船の往来のにぎやかさといったら！　こっちの船のブリッジからは太ったオランダ人たちの……　音楽のようなイタリア語が聞こえてきます　………イギリスの船から石炭が荷おろしされ、ロンドンの匂いが……ああ！　この美しい光景を見たら、だれもが詩人か画家になるでしょう。

二九回にのぼる国外旅行で、のべ九年間をデンマークの外で過ごしたアンデルセンは、このヘルシンオアで、初めて海外への意識を実体感したことであろう。この時二一歳のアンデルセンは、既にバイロンの伝記を読んでおり、ウォルター・スコット、ホフマンそしてハイネに最も傾倒していたと、「自伝」に記している。この時から五年後にアンデルセンは初めての海外旅行をしている。ドイツに行ったのである。

舟の往来の賑やかなヘルシンオアは、明るく活気に満ち、アンデルセンは解放感を覚えたに違いない。ましてや、上手くいかなかった、前の文法学校から転校してきたばかりのアンデルセンにとっては。

ヘルシンオアでの生活も、よかったのは最初の二ヶ月だけで、アンデルセンは一年後にはコペンハーゲンに舞い戻っている。

しかし、ヘルシンオアに滞在中に書いた詩「死にゆく子ども」が、一躍脚光を浴びることになった。ドイツの新聞にも掲載され、デンマークで一九世紀まで広く愛唱されることになったという詩である。いや、今もなおこの詩を愛するデンマーク人は多いのでは。ここに詩を紹介したいところなのだが、ヴォルシュレガーが先の書で、

――およそ成熟した頭脳が生み出した作品とは言いがたい。

と、述べていることもあって、引用するのは控えておきたい。

クロンボー城

風の強い日であった。城は小高い先にあり、風と足もとに気をとられながら、長い砂利道を歩いた。この城はもとは要塞であり、こういったところに砦を築くのは、当然と言えばそうなのだが、ここは遠い昔から、このような強い風が吹き渡り、外海を波立たせるところだったのだろうかと思いやった。

クロンボー城は、星形に濠を掘り、その土で土塁を築いて五つの突角部に砲座を置くという五稜郭の城である。これは一六世紀以降の大砲の発達に伴い、フランスを中心にヨーロッパで流行したもので、コペンハーゲン港の入口に座る〝人魚姫の像〟の後ろにあるカステレット要塞もこの造りである。

　私たちは濠にかかる橋を渡って城に入った。すぐ北側に海岸に向けられた大砲が並んでいるのが見えた。更に北棟の門をくぐると、小さな噴水の前には人垣ができていた。華やかな衣装を着けたハムレット姿や、王妃姿に扮した役者たちの周りを大勢の観光客が取り囲んでいるのであった。今回はマネキンではなくて、本物の役者たちである。

クロンボー城の内部

左手の石塀に嵌め込まれた、シェークスピアの胸像の前を通って城の中へ入った。王や王妃の部屋は、少しばかりの調度品があるだけで、がらんとしている。これは、しばしば起こったスウェーデンとの争いに敗れた際に、多くの領土とともに、高価な調度品や財宝もスウェーデン王室に譲渡されたためだという。

城には他に見るべきものもなかったが、私たちはギフトショップでおもしろいものを見つけた。ハムレットに因んだ土産物の中に髑髏があったのだ。

確かに、戯曲『ハムレット』第五章・墓掘りの場には髑髏が登場する。

それで思い出したのが、ボブ・ディランである。ディランはノーベル賞の授賞式には欠席したが、スピーチの中でシェークスピアに言及している。シェークスピアが『ハムレット』を書いていた時、頭の中にあるのは、「これは文学か?」というようなことではなく、もっと世俗的な「資金の手当は大丈夫か」とか、「髑髏はどこで手にいれようか」であったに違いないというのである。

さて、あのギフトショップにあった髑髏は、アメリカ人の観光客がリビングルームに飾るために買い求めるのだろうかと思った。

ところで、戯曲『ハムレット』についてである。

この戯曲は、サクソ・グラマティスのデンマーク初の歴史書『デンマーク人の事跡』の中にみられる古い説話の一つが原型とされている。ユトランド半島北部のモア島にいた王子アムレトとするもので、また、旅行書にはオーフスの北約四五キロのアンメルヒーゼ村にアムレトの墓があるとしている。

また、『ハムレット』は一六〇一年頃の作で、一六〇二年頃初演されたものとされている。

そしてまた一五八〇年代末に、ロンドンで上演されて評判になった作者不詳の劇を下敷きにして、伝え聞いたデンマーク王子の物語をもとにして作られたともいわれている。

一般には、シェークスピアはこの城を訪れていないと言われている。だが、たとえシェークスピアがクロンボー城を訪れていなかったにせよ、活気あふれるヘルシンオアに壮麗な城があるということは、当時のロンドンの人々には周知のことであったろう。

この城の地下には、デンマークの伝説の英雄ホルガー・ダンスクの像がある。ホルガー・ダンスクは、デンマークが危機に陥ると、眠りから覚めて国を救いに現れる伝説の巨人である。アンデルセン童話にも『デンマーク人ホルガー』というのがある。

第一章のところで引用したディクテの本だが、彼女の同僚記者の名前がホルガー・ダーヴィズスンという。またシリーズ第二作『過去を殺した女』に登場する見習い記者の名前もホルガー・セボーで、ディクテの恋人ボーにこのように言われている。
――「デンマーク人ホルガーの野郎」

どうやらデンマークでは、ホルガーはよくある名前であるらしいのだ。

ギフトショップの横に、これまでにハムレットを演じた俳優の写真が展示されていた。京劇の衣装を身に着けた俳優や、黒人の俳優たちの中にひときわ目立つ位置にジュード・ロウの写真を見つけた。ケネス・ブラナーもいる。

デンマークの人々は、どのような基準で彼らを選んだのだろうかと首を傾げた。ジュード・ロウは名優だろうか。他にも有名なハムレット役者はいくらでもいるというのに。

コペンハーゲンに戻るために駅に向かった。

ヘルシンオアの駅からは、コペンハーゲン行きと、もう一つヒレレズ行きのローカル列車が出ている。

ヒレレズにはフレデリクスボー城がある。一七世紀初めに建てられた城でフレデリク二世が貴族から手に入れて、クリスチャン四世が、六〇年の歳月をかけて造り変えたというルネッサンス様式の城である。デンマークの歴史を物語る貴重な品々が展示されているという。また、城を囲む湖の対岸にあるバロック様式の庭園もすばらしいという。

〝デンマークのリヴィエラ〟という言葉にひかれて、クロンボー城行きを決めた私は、少しばかり後悔したのであった。この城に行くべきであったのだ。

ヒレレズには、コペンハーゲンからエストーのA線で行くことができる。

クリスチャニア

コペンハーゲン市内の交通手段は、地下鉄と市バスにエストー(近郊電車)である。

納得がいかないのは、地下鉄が中央駅を通らないことである。前回の旅では、私たちはストロイエという街の中心にある通りから、駅裏のホテルに歩いて帰ったのであった。

今回は、先の旅で入手した市バスのルートも載っている大きな地図があるので心強い。クリスチャンハウンまでは9Aの市バスで行く。三つ目のバス停を過ぎると、運河にかかる橋が見えた。運河には水上バスが走っており、シティ・パス（一日乗車券）で、幾度でも行き来することができて、船での運河観光を手軽に楽しめるのだ。

橋を渡ったところが、クリスチャニアと呼ばれる自治コミュニティのある島だ。中央駅から五つ目のクリスチャンハウンでバスを降りた。

ここでは、初めに救世主教会に行く予定であった。ヘルシンオアでも風が強かったが、更にその勢いは増して、教会の前には「強風のため塔への入場禁止」の貼り紙がしてあった。この教会は塔から市街を一望できるので人気があるのだが、それにしても、風のために教会の中も公開しないとは、どのような了見なのであろう。

ミケール・カッツ・クレフェルトの『凍てつく街角』（早川書房）の中にはこんな場面がある。

——駅（ストックホルム中央駅）の高い天井を見上げた。故郷のクリスチャンハウンの救世主教会にこの駅の構内がそっくりなことに、今になってようやく気づいた。

ストックホルム中央駅には幾度か行ったことがある。駅の構内とこの救世主教会が似ているというのならば、なおさら教会の中に入ってみたかったのである。『凍てつく街角』の本には、こんな場面もある。主人公トマスが、シナモンロール好きの友人に〈ラウケーフーセット〉で買ったシナモンロールを持って行く場面である。

救世主教会の中に入ることもできず、風もいっそう強まってきて、私たちはその〈ラウケーフーセット〉で休憩することにした。ここは、石窯で焼くパンが人気の店で、前にも市庁舎近くの店舗でパンとデニッシュを食べたことがある。今回はシナモンロールを食べることにした。トマスの持参したシナモンロールを、友人のヴィクトリアは袋が空になるまで食べるようなので、私たちも試食してみたのであった。

クリスチャニアの歴史は、一七世紀初めにクリスチャン四世が、アマー島とコペンハーゲンの間の海を埋め立てて要塞を造ったのが始まりだ。

一九七一年、デンマーク軍の兵舎跡をヒッピーたちが占拠して、地区の一角に自治コミュニティを作った。コミュニティの門に「Freedom」と掲げ、独自のルールに則って、今も九〇〇人余りの人が暮らしている。メインストリートのプッシャー通りでは、ドラッグが売買されたりして、犯罪通りと呼ばれている。

ユッシ・エーズラ・オールスンの『特捜部Q―知りすぎたマルコ―』終盤の舞台がこの解放区である。主人公カールはこの街のことをこんなふうに感じている。

――独特の雰囲気が漂うこのアナーキストたちのオアシス……警官の立場からすれば、ここはさまざまなごろつきが逃げ込める場所にほかならない。その一方で、ここはコペンハーゲンの街がまだヤッピーの手に落ちていなかった時代を思いださせてくれる、今なお、のびのびと自由を謳歌できる場所でもあった。……荒れ果てた兵舎を観光名所に変えることに成功したクリスチャニアの住民たちは、カールの目には、自転車に乗った、環境に優しいサブカルチャーの担い手に映った。

ここにある自転車とは、クリスチャニアバイクと呼ばれている、大きな荷台付きの三輪自転車のことである。車の乗り入れが禁止されているために、この独特の形の自転車が作られて、今や海外にも輸出されているそうだ。

『特捜部Q―知りすぎたマルコ―』マルコは、三年前にイタリアからデンマークにやって来た。世界を転々とする窃盗グループの一団の中で育った一五歳の少年である。

マルコのデンマーク人に対する観察眼がとても鋭いのだ。

——一番気になるは、表情のない人が多いことだった。せいぜい知人に偶然出会って笑顔を見せるのが関の山だ。

——デンマーク人が感じがよくてほがらかなのは、自分たちと似たような、あるいは同等の人といるときだけだ。

私たちは、「クリスチャニア」と書かれた門のあたりを少し歩いただけであった。何しろ傘が裏返るような強い風が吹く天候である。また私は先に挙げた萩原健太郎氏の写真集で、ここの風景をいつでも見ることができるのだ。それにマルコの物語も読んでいる。

地下鉄のクリスチャンハウン駅からM1線に乗り、次のコンゲンス・ニュートーゥで降りる。ここの広場から市庁舎前広場を結ぶ通りが、ストロイエと呼ばれるヨーロッパでも屈指の繁華な通りで、歩行者天国になっている。

私たちは、デンマークでの最後の夜をここで過ごすことにした。と言っても、ただ通りを歩く人の姿をぼんやり眺めたり、夕食をとったりしただけである。帰りは、地下鉄のM

1線で、次のノアポート駅で接続しているエストーに乗り換えて、中央駅に戻った。今回はあまり歩かずにホテルに戻ることができた。

中央駅の前に広がるのがチボリ公園と呼ばれる遊園地で、一八四三年に開業した。先のときもそうであったが、私たちは今回も遊園地の中には入らなかった。先の旅行ではチボリ公園入場口の前で、中の様子を眺めて、その近くにあるアンデルセン・ベーカリーでデニッシュを食べたことを覚えている。

ユッシ・エーズラ・オールスンの「特捜部Q」シリーズをたびたび引用したが、登場人物たちの勤務する警察署の所在が分からな

ストロイエ

いのが、以前から気掛かりであった。

――窓の外にチボリ公園が見えた。（シリーズ「檻の中の女」）

――駅までたったの四百メートルだ。（シリーズ「キジ殺し」）


しかし、先に貰っておいた地図で漸く見つけることができた。また『三秒間の死角』（アンデシュ・ルースルンド&ベリエ・ヘルストレム　角川文庫）を読んだとき、次の場面があり、私が見つけた警察署の位置が正しかったことを知った。

――（警察署から）なにが見える？　…ハンブロー通りが…身を乗り出せば、海も見えます…ラゲン橋も…


私たちは駅裏のホテルの部屋で、イヤマ（高級スーパー）で買ってきた果物や菓子を並べて、終わってしまったデンマークの旅のあれやこれやを話しあった。

梅田さんはワイン好きなのだが、ここではカールスベアのビールでも買っておくべきであった。しかし、アルコール抜きでも女三人の話ははずむのである。

私は彼女たちに、最近デンマークが取り組んでいるあることについて話した。

デンマークは、世界中で生産される食糧の三分の一が廃棄されていると言われるなか、食品ロス削減に向けた取り組みを始めたという話である。世界初となる賞味期限切れ食品を扱うスーパーが登場したのだ。通常の約三〇～四〇％引きの価格帯で販売するというもので、二〇一六年二月、コペンハーゲンに第一号店がオープンした。当日は、皇太子妃や環境食糧大臣もオープニングセレモニーに出席したという。

そこで、こんなことがあった。私たちの泊まる駅裏にあるミッション系の安ホテルのフロントには、いつも学生アルバイトふうの若者が座っていた。

私は、このオープンしたスーパーについて

〈ラウケーフーセット〉の店内

の英文記事を見せて、スーパーの所在を訊ねたのである。フロント嬢はこの店について何も知らないと言う。パソコンで調べたり、私の持っていた記事を熱心に読んで、なかなか店の所在を教えてくれないのである。「もういいから」と、記事を返してくれるように言うと、メモ用紙に3C（バスの系列番号）と、私には読めないような字で、バス停の名前を書いたものを無言で渡して、またパソコンに熱中しだしたのである。どうやら、同じ記事を読んでいるようであった。

また、ヘルシンオアでコーヒーを飲んだ時のことである。私はカフェラテを注文して、ふと上にあるメニュー板を見て、「カプチーノがあるのなら変えて欲しい」と言った。すると、カフェラテがきて、暫くしてからカプチーノがきたのである。「カプチーノだけでよかったのに」と言うと、「大丈夫、これは引き取るから」と若者は言ったのだ。

彼の方を振り返ってみると、若者は私のキャンセルしたカフェラテを飲みながら、スマホをいじっていたのであった。

スーツケースが見当たらなかった時のDSBの車掌もそうであったが、どうやらデンマーク人は職業意識があまり高くないように思われるのだ。「デンマーク女性博物館」の受付では、パンフレットに掲載されている女性の名前を知らないといわれた。

この他にもいろいろあったのである。例えば、コペンハーゲン駅で、ヨーテボリ行きの切符を買った時の窓口係の中年男性はこんなふうであった。

――ヨーテボリの次はどこに行くの？

私が、日本に帰ると答えると、

――うらやましい。私も連れて行って、ハッハッハ……と、笑ったのである。

この話を梅田さんたちにすると、吉津さんはこう言ったのだった。

――角が立たないゆる～い態度で接してくれる人たちがいたから、我々は気楽な旅を続けられたので、それでいいんじゃない。

う～ん、どうでしょうか。あまり納得できない私は首を傾げるだけであった。

パン一つとっても、ゆる～いのである。私は朝食に出されるパンを、いつも楽しみにしているのだが、デンマークのパンは日本人好みの軟らかいものであった。それでなのか、

「ヨーロッパで食べるパンの中で、デンマークのパンが一番おいしい」と、ある本で読んで驚いたことがある。一日の始まりに食べるパンが、パンを主食にする国で、あのように歯ごたえのないものでよいものだろうか、と私は思うのだ。

その昔、北欧の覇者として君臨したデンマークの、ロスキレ大聖堂の柩に眠るマルグレーテに聞いてみても、きっとこう言うに違いないのだが。

——デンマークはこれでよいのです。国民はみんな満足しているのですから。

このデンマーク最後の夜の会話で、梅田さんはデンマークについてあまり語らずに、ノルウェー旅行の話ばかりをしていたのである。

とうとう吉津さんと私も、次第にノルウェーの話に移っていったのであった。

最後に述べておきたいことがある。クロンボー城のことである。

シェークスピアも魅了したに違いない、壮麗なルネッサンス様式の城に改築したのは、フレデリク二世ではあるが、最初にここにウアスン海峡の交易を守るために、要塞を築いたのは、あのマルグレーテ一世の養子エーリク七世である。

そこで考えたのである。あのようにハムレットの宣伝をするのであれば、なぜデンマーク人は、マルグレーテのことをもっと喧伝しないのであろうかと。マルグレーテが主人公の映画や、テレビドラマがあってもよいのではないかと思ったのである。

ノルウェー映画『ヒトラーに屈しなかった国王』は、私が見た名古屋の映画館をいっぱいにしたのである。イギリスのエリザベス一世の映画が数多く作られていることを思い出して欲しい。イェスパ・W・ネルスン氏は、マイケル・ブース氏も嘆く、テレビドラマ『コペンハーゲン』を演出するのではなくて、マルグレーテの映画を作るべきなのだ。

〝デンマークのリヴィエラ〟を見逃してしまった私は、ついついクロンボー城に八つ当たりしてしまったのであった。

しかし、〝デンマークのリヴィエラ〟を見ることができなかったのは、私がよく調べておかなかったからである。またデンマーク鉄道のハイライトであるストアベルト海峡の海上走行がほんの三分半であることは、初めから分かっていたことである。後でその時間が短いのを嘆くのは筋違いである。

それでも、リーベの「夜警の見回りツアー」は、観光客目当ての大げさなものではなくて、あっさりとしたよい印象を残した。何よりデンマークでは、険しい顔をした人に出会わなかった。旅行者の我々に緊張を強いることがなかった。が、それで思い出したのだ。『特捜部Q―知りすぎたマルコ―』で、アフリカからやってきて、マルコを探すマミーがこのように言っているのだ。

――この国の人間はわたしたちを見ていなかった。わたしたちに気づきもしない。こっちが距離を保っている限りは目もくれない。ありがたいことだ。

ところで、「特捜部Q」シリーズの第七巻『特捜部Q―自撮りする女たち―』、福祉事務所の職員が、就労もせずに失業手当で暮らす若い女性たちの殺害を企てるというものである。

デンマークは、幸福度ランキングで常に上位にある国である。これは社会福祉制度の充実があるからだという。このオールスンの作品は、デンマークの社会福祉政策に目を向けさせるものだと思っていたら、オールスンらしい、或いは、デンマークミステリ小説らしいというべきか、軽いタッチのもので、いささか拍子抜けしたのであった。

ユッシ・エーズラ・オールスンは、デンマークを代表する作家である。二〇一五年には、デンマーク王室よりダネブロー勲章を受けた。これは文化・芸術・スポーツの分野で功績のあった人に贈られる賞である。

ボーボワールの作品を翻訳出版されたこともあるという、マルグレーテ二世も、オールスンのミステリ小説を読まれるのだろうか。

俳優マッツ・ミケルセンはデンマークのみならず、「北欧の至宝」と称されているのだが、「至宝」も、よい映画作品に恵まれてこそ輝くものである。

デンマークのゆる〜い印象を打ち破る、どっしりと見応えのある映画で、ミケルセンを輝かせる監督が現れないものかと期待しているのである。

第六章　ヨーテボリ　――ヘニング・マンケルのいた街

六月一三日。

コペンハーゲンからスウェーデンのヨーテボリまでは、普通列車がほぼ一時間ごとに出ており、約三時間半で行くことができる。Ｓｎ（高速列車）なら二時間一三分である。マルメでコーヒーを飲んだりする余裕を持たせて、マルメ～ヨーテボリ間の指定乗車券を既にコペンハーゲンで買い求めていた。もう一度マルメに寄ってみたかったのだ。

コペンハーゲン七時三二分発のＲｅ（普通列車）に乗車してマルメに向かった。

デンマークとスウェーデンは、ウアスン海峡を挟んで対峙している。

この海峡に、コペンハーゲンとマルメを結ぶオーレスン大橋が、二〇〇〇年七月に開通した。それにより、カストロップ国際空港駅を経て、マルメまで三五分ほどで行くことができるようになったのである。

Ｒｅの車内で、以前訪れたマルメのことを大声で話していた時のことである。斜め後ろの座席に座りパソコンをする若い女性に、静かにして欲しいと注意されたのだ。そしてまた、マルメの手前の駅でとんだハプニングが待っていた。

大きな犬を二匹連れた公安警察官が三、四人乗り込んできたのだ。パスポートチェックかと思ったが、私たちやパソコンの女性には目をくれず、アラブ系の二人連れに長い質問を続けたのであった。

漸く警察官は行ってしまったのだが、列車は一向に動く気配がない。私たちの乗る列車は、マルメを八時三五分に出るのだ。既にもう八時三〇分前である。

私はパソコンの女性に乗車券を見せて、間に合うだろうかと尋ねた。すると彼女は「列車に乗るのを手伝ってあげる」と言って、パソコンを片付けた。動き出した列車の扉の前で、パソコンの女性と四人並んで、マルメ駅に到着するのを待ったのであった。

やはり、一三五分発の列車には乗ることができなかった。しかし、ＳＪ（スウェーデン鉄道）の窓口で、一一時二分発のチケットを再発行して貰うことはできた。追加料金を支払うこともなかった。

かくして、私たちはマルメ駅で二時間半を過ごすことになったのである。

とりあえず、私たちは駅構内にあるコーヒーショップに行くことにした。ここには三年前にも立ち寄ったのだが、店は「現金お断り」に変わっていた。北欧の国はキャッシュレス社会が進んでおり、スウェーデンは最も進んでいる。この店でも、「私たちは旅行者なのだから」と、現金を渡しても店員は受け取らなかったのだ。見兼ねた隣の老婦人が、「私のカードで買ってあげる」というので、現金を渡して頼むことになった。

後で、同じ駅構内の店でミネラルウォーターを買った時は現金で間に合った。

因みに、コペンハーゲンのクリスチャニアにある〈ラウケーフーセット〉のパン店では、七、八名の店員の前にそれぞれカード支払機があり、客たち全員がカードで支払っていた。不安になった私は、現金でよいかと尋ねてからパンを買ったのであった。

さて、列車の出発まで時間もあるので、何故この地方がスウェーデン領になったのか、簡単に述べておきたい。その前に、スウェーデンがどのようにしてデンマークの支配から解放されたのか記しておく。

ストックホルムの虐殺

マルグレーテ没後、エーリク七世が仕掛けた二〇年に及ぶ戦闘で、スウェーデンの領主たちは疲弊していた。エーリクの跡を継いだクリストファ三世が没したとき、スウェーデンはカルマル同盟を抜けようとした。一人の王を選んで王位につけた。

それからの時代は、七〇年近くも続く両国の争乱の世であった。一五〇〇年、スウェーデンは、一度は修復されていたカルマル同盟をついに離脱した。

デンマークのクリスチャン二世（在位一五一三〜二三年）は、スウェーデンをカルマル同盟に戻すべく一五一七年、戦闘を仕掛けた。スウェーデンの領主たちは、同盟を離脱することをついに諦めたのであった。

一五二〇年一一月四日、ストックホルムでクリスチャン二世のスウェーデン国王としての戴冠式が行われた。この祝賀会の四日目に、「ストックホルムの虐殺」と呼ばれる事件が起こったのである。八〇名以上の祝賀会に招待されていたスウェーデン人貴族、僧侶や有力者たちが捕えられて、ストックホルムのガムラ・スタンの広場で斬首されたのである。広場が血に染まったことから、「ストックホルムの血浴」とも呼ばれている。

一二〇〇余年続いたカルマル同盟は、ついに崩壊したのである。

私たちは三年前に、このガムラ・スタンの広場に行った。その日は六月とは思えない寒い日であった。広場の一角にあるカフェ・コッペンのテラスの椅子に座って、ホットチョコレートを飲んで広場を見つめていたことが思い出される。

これを契機にして、反デンマーク闘争は激化した。ついに、スウェーデンは貴族グスタフ・ヴァーサの指揮のもと、一五二三年、祖国の解放に成功した。

グスタフ・ヴァーサは王位につき、グスタフ一世となった。

ロスキレの和約

スウェーデンは、グスタフ・ヴァーサ以後、着実に国力を増大させた。なかでもヴァーサの孫グスタフ二世アドルフは、北欧の一小国をヨーロッパの大国に押し上げた。

グスタフ二世アドルフの娘クリスティーナの後を継いだカール一〇世グスタフ（クリスティーナの従兄弟）は、東ヨーロッパへの侵略を続けていた。

しかし、ポーランドとブランデンブルク（ドイツが統一国家になる前の一領邦国家）がスウェーデン攻撃の同盟を結んだために窮地に陥った。この機に乗じて、デンマークのフレデリク三世は、一六五七年六月カール一〇世に宣戦布告したのである。この年は厳冬で、海峡は凍結していた。スウェーデン軍は凍結した氷海を歩いて渡り、ユトランド半島からシェラン島へ、そしてコペンハーゲンに背後から攻撃した。氷結した海峡を進軍するという奇襲策は成功した。

一六五八年二月二六日、デンマークは降伏して、ロスキレで講和の締結を余儀なくされた。このようにしてデンマークは、マルメのあるスコーネ、ハッランド、ブレーキンゲ、ボーンホルムの諸地方を失うことになったのである。

その後、ボーンホルム島は、一六六〇年のコペンハーゲン条約により返還されている。

マルメ

マルメはヨーテボリに次ぐスウェーデン第三の都市で、人口は三二万人余りである。ヨーロッパ大陸に向かって開けたマルメは、中世の頃からハンザ諸都市との重要な交易の中心地であった。一六世紀にはコペンハーゲンに次ぐ第二の都市であった。

二〇〇〇年のオーレスン大橋の開通により、マルメとコペンハーゲン間の往来は増加した。両都市間を通勤、通学する人たちも増えた。だが問題も生じている。マルメに住み、コペンハーゲン周辺への通勤者が九割を占めるのに対して、コペンハーゲンからマルメに通勤する割合が、わずか一割に過ぎないのだという。

これは、日用品や保育料がデンマークよりスウェーデンの方が安いことや、また税制上の問題もあるからだという。

国境の近い都市間では、このようなことがしばしば起こる。例えば、クロンボー城のあるヘルシンオアと、対岸にあるスウェーデンのヘルシンボリも同様に人の往来がある。こちらは買い出しツアーである。両都市はフェリーで二〇分で行くことができる。スウェーデン人は酒類を、デンマーク人は食料品などを買い出しに行くのである。

さて、長い待ち時間を余儀なくされた私たちは、駅の外に出ることにした。

中央駅の前には運河があり、この運河が街中をぐるりと回り、外海へと続くのである。駅前の運河の向こう正面に見えるのが、サヴォイ・ホテル（エリート・ホテル・サヴォイ）だ。このホテルは、マイ・シューヴァル&ペール・ヴァールーの警察小説マルティン・ベックシリーズ第六作『サボイ・ホテルの殺人』（角川文庫）の舞台となったところである。

私たちは、前にこのホテルの裏側にあるホテルに宿泊したことがあった。そして、サヴォイ・ホテルのエントランスを覗き込んだりしたのであった。

中央駅から橋を渡り、運河沿いを少し歩いてルンダン乗り場に出た。ここは、ボートで運河をめぐる観光船の発着するところである。先の旅行で、このボートツアーが気に入ったもので、ヨーテボリでまた似たようなボートツアーをすることになったのだ。

あの時のことを思い出した。ボートで運河をめぐっていた時のことである。

官庁街らしいビル群を見ていたら、これらの建物の中にマルメ警察署はあるのだろうかと、ふと思ったのであった。

スウェーデン・ミステリ界の巨人、ヘニング・マンケルには、警部クルト・ヴァランダーを主人公にしたシリーズ本がある。マルメからイースタ警察署に転勤してきたヴァランダー警部は、時にはマルメ警察署に出張してくるのである。

イースタはマルメからＲｅｇ（普通列車）で四八分、人口一万八〇〇〇人余りの小さな町だ。ヴァランダー・シリーズで有名になったこの小さな港町を、ドイツをはじめ世界中のミステリファンが訪れるという。

私は今回の旅の計画を立てるにあたり、最終地をどこにするか迷った。初めのプランはこのイースタから高速フェリーに乗ってボーンホルム島に行くというものであった。しかし、列車や高速フェリーの運行時刻を調べてみて、あまりよいプランには思われず諦めた。デンマークでは列車に乗る時間が少なかったこともあり、結局のところスウェーデンの高速列車に乗って、ヨーテボリに行くというものに落ち着いたのであった。

ヨーテボリへ

マルメを一一時二分に発車したSn（高速列車）は、最初の停車駅ルンドに一一時一二分到着した。

　列車の窓からガラス張りの跨線橋が見えて、多くの人影がみられた。

　三年前のスウェーデン旅行では、当初はここを訪れるはずであった。マルメからあまりにも近いこともあって諦めたのである。そうであるならば、この日は何故ここを訪れた後に、ルンド駅からSnに乗らなかったのかと、少しばかり後悔した。二時間半もの待ち時間があったら、ルンドの観光は充分にできたはずである。

　ルンドは、スコーネ地方で最も古い町の一つである。一〇〇〇年ごろ、デンマーク王クヌーズ二世によって建設された。一一〇三年、北欧最初の大司教座が設置された。ロスキレ大聖堂を建てたとされるアブサロンは、一一七七年にこのルンドの大司教となったことはすでに述べた。

また、北欧最古のウプサラ大学（一四七七年創設）とともに、こちらも古くからあるルンド大学（一六六八年創設）は、スウェーデン・アカデミーの拠点となっている。

ルンドを出た列車は、一五分ほどでランズクローナに到着した。

ヘニング・マンケル（先に挙げたヴァランダー・シリーズの作者）は、この港町の郊外にあるヴァルオークラまで、芝居の打ち合わせのために、車を運転して出かけたのだった。

やがて列車は、一一時四二分ヘルシンボリに到着した。海峡の向こうに、クロンボー城がある、デンマークのヘルシンオアの街がかすかに見えた。両都市を隔てるのは、わずか五キロの海峡である。

ヘルシンボリを出ると、スウェーデンらしい森の中を列車は進んで行く。

M・ヨート&H・ローセンフェルトの『犯罪心理捜査官セバスチャン―少女』（創元推理文庫）に、こんな場面がある。登場人物たちが、スウェーデン中西部にあるトシュビーにストックホルムから捜査に赴くシーンだ。

――窓の外を眺め、道路の両側に並ぶ松の木々を見つめた。市街地を離れるやいなや、スウェーデンという国はこれでできているのだと思わされる。森、森、ひたすら続く森。彼らは列車ではなく車で行くのだが、私たちがストックホルムからダーラナ地方のムーラに行った時も、このように感じたものであった。一方で、南部のスコーネ地方に入るにつれて、田園風景が広がっていくのであった。

ヘルシンボリから一時間ほどして、列車はラホルム駅に一二時二六分到着する。ヘニング・マンケルは、このラホルムの少し手前で自動車事故を起こしたのだった。車は大破して、警察が彼をラホルム駅まで送り、マンケルは列車でヨーテボリに帰ったのだ。駅のホームを、たいした意味もなく写真に撮ったりした。

さらに列車は一時間ほど走行して、一三時二五分ヨーテボリに着いた。マルメ〜ヨーテボリ間は三〇六キロである。スウェーデン鉄道の二時間二三分の走行は、ぼんやりマンケルのことを考えているうちに終わってしまったのである。

ヨーテボリ

ヨーテボリは、スウェーデン建国の父グスタフ・ヴァーサの末子カール九世によって、一六〇三年に建設された。その息子グスタフ・二世アドルフが一六二一年に再建した。デンマーク占領後、廃墟となっていたこの地に、デンマークに影響されない交易の要衝となる港を築く必要があった。オランダより技師を招き、街の中を運河が流れるという、完全なオランダふうの街をつくった。

一八世紀に入り、「東インド会社」の設立もあって、ヨーテボリは大きく成長した。スウェーデン第二の都市であり、人口は約五五万人である。

二〇二一年にヨーテボリは、市の生誕四〇〇周年を迎えるという。市は四〇〇周年記念行事に合わせて、毎年テーマを設けており、私たちが訪れた二〇一七年度のテーマは、「緑と美しい町」であった。

毎年一月〜二月に、ヨーテボリ映画祭が開催されるという。観光案内所で貰った市街地の地図には、七つもの映画館の所在地が示されていた。

私たちは、ホテルにチェック・インした後に、近くにあるグスタフ・アドルフ広場に向かった。広場の中央に、「ここに街を築け」と、地を指さすグスタフ二世アドルフの像がある。しかし、この逸話はアドルフの死後に作られたとする説もある。ストックホルムのオペラ座の前にも、馬に跨るグスタフ二世アドルフの像があったのを覚えている。

〝北方の獅子〟と呼ばれたグスタフ二世アドルフは、スウェーデンで最も人気のある君主である。デンマークのクリスチャン四世と、カルマル戦争で相まみえた王である。

市庁舎と、クリスチャン教会の前を通って、もとは「東インド会社」の建物であった市立博物館に入った。

東インド会社

スウェーデン東インド会社は、ヨーテボリの二人の商人により一七三一年に設立された。

一七四七～一七六二年の間に、現在みられる会社の建物が作られた。

一八一三年に会社が閉鎖されるまで、一三二回にのぼる交易船が出航したという。主に中国へ、一部は東インドへであった。鉄や木材を積んだ船は、茶、絹、陶器を持ち帰り、その大半は、建物の中のオークションホールで、オランダ人商人によって買い取られたという。しかし、東インド及び中国貿易の自由化により、中国との貿易は激減して、一八一三年東インド会社は閉鎖に追い込まれた。その後、会社の建物はオークションにかけられたという。

なお、世界最初の株式会社といわれるオランダの「東インド会社」は、ヨーテボリより一〇〇年以上も前の一六〇二年に設立されている。


東インド会社の建物であった市立博物館は、一九九六年にオープンした。

ヴァイキング時代に始まり、ヨーテボリが開かれた一六〇〇年代、一七〇〇年代のヨーテボリ、一八〇〇年代の人々の暮らしというふうに、それぞれ当時の市民生活を、絵や展示物で解説している。中国貿易で輸入された当時の陶器などの展示もあり、なかなか見どころのある、またよく整備された博物館であった。

市立博物館の裏にあるクローンフューセット（旧市庁舎の建物であり、一六五四年に建てられたヨーテボリ最古の建物）を通り、ヨータ・エルヴ川の辺りに出た。川といっても、ここは大型フェリーや外国船の行きかう港である。ノルウェー国旗を掲げた大型船や、クルーズ船、小型ボートが係留されて港町らしい風情である。東インド会社の船もここで荷揚げされて、すぐ近くにある会社の倉庫に運ばれたのだ。

川沿いにガラス張りのオペラハウスが見えた。

ヘニング・マンケルはヨーテボリに住み、刑事ヴァランダー・シリーズや、その他の小説を書いたが、彼はまた舞台監督でもあり劇作家でもあった。

先に列車で通ってきた、ラホルムの手前で自動車事故を起こしたのも、芝居の打ち合わせに行く途中だったのだ。マンケルは、この交通事故で首の痛みを訴えた。これが末期の肺がんの発見につながり、二〇一五年一〇月、六七歳で亡くなった。

パートナーのエヴァ・ベルイマン（映画界の巨匠イングマール・ベルイマンの娘）もまた舞台ディレクターである。彼らはこのオペラハウスで芝居の公演を行ったのであろうか。ただオペラを鑑賞しただけなのだろうか。これから行くヨータ広場近くには市立劇場があり、そこで公演を行っていたのは確かである。

私たちは、トラムに乗ってヨータ広場に行くことにした。

歩行者専用道路もある賑やかなショッピング街を通り抜けて、運河を渡り四番のトラムに乗った。しかし、車内の券売機は、カード専用であり現金で切符を買うことができない。近くにいた若者が、交通局や観光案内所に行けば、現金で切符を買うことができると教えてくれたが、誰も代わりに切符を買ってあげるという人はいなかった。仕方なく、私たちは次の停車駅で降りたのであった。

このトラムの走るヨータ広場にいたるクングスポルトアヴェニーン通りは、道路の両側に菩提樹が植えられた、街のメインストリートである。

トラムを降りた私たちは、菩提樹の並木道を歩いてヨータ広場に着いた。

広場の前に噴水があり、たくさんの人々が憩っていたが、観光客らしい人影は見当たらなかった。噴水には、ポセイドン（ギリシャ神話の海神）の大きな像がある。これは、パリで学び、ロダンの助手を務めたこともあったという、スウェーデン人彫刻家のカール・ミッレス（一八七五～一九五五年）が作ったものである。

このヨータ広場の近くには、マンケルがここで芝居をしたであろうと思われる市立劇場や、図書館、美術館が緑の中に点在しており、リセベリー公園へと続く。私たちは、この美しい緑の森の中で、のんびりとした時間を過ごしたのであった。

広い並木道を歩いて、クングスポルツ広場近くのボート乗り場まで引き返した。パダン・ツアーと呼ばれる、運河巡りの観光ボートのチケット売り場は、やはりクレジットカード支払いのみであった。やむなく今回はカードで乗船券を買ったのである。シニア割引があり一四〇クローナであった。

このボートツアーは一九三九年からあるという。スウェーデン語の次に英語でガイドするのは、なんとアメリカの映画監督マイケル・ムーアのそっくりさんであった。マイケル・ムーアがするように、野球帽のつばを後ろに被った、体型もほぼ同じの巨漢だったのだ。

ところで、私たちはヘルシンキからヨーテボリまで飛行機を乗り継いで、デンマークのオーフス空港に着いたのであった。私のチケットには、ヨーテボリのことをGOTHENBURGと印字されていた。これは多分ヨーテボリの英語読みだろうとは思った。しかし、確かめてみるべく、乗継便を待つあいだに、GOTHENBURGとGOTEBORGの両方を書いたメモを見せて、これらはどのように発音するのか尋ねてみた。そして、GO

THENBURGがガステンボルグと発音することを知ったのであった。

このマイケル・ムーア似のガイドが、ガステンボルグと連発するのを聞いて、あの時、GOTENBRGの発音を聞いておいてよかったと思ったものである。

コペンハーゲンも同じ事情なのだが、こちらはコペンハーゲンが国際的に通用していることから、空港でも英語表記になっている。


私たちの乗ったボートは、左方向に進み魚市場の前を通り過ぎる。一八七四年に建てられた魚市場は、まるで大聖堂のような造りである。私たちはここでランチをとる予定にしていた。マルメで列車に乗り遅れたために、ここでの新鮮な魚介類を使った食事をとる機会を失ったのだ。ノルウェーのベルゲンの魚市場には、二度もランチをとるために出かけたものであった。

ボートはヨータ・エルヴ川に出て、しばらくすると折り返した。オペラハウスを過ぎて、赤い外観が目立つビルをマイケル・ムーア似のガイドが説明している。ここにある八六メートルの塔からヨーテボリの街を見晴らすことができる。私たちは、帰国前にここに来てみたのだが、時間が早すぎて、塔には上がることができなかった。

ボートは再び街中の運河に入り、広い庭園協会公園に沿って進んで行く。ここは実に美しいところで、緑の公園の芝生に三々五々と座る人々が、ボートに向かって手を振っていた。モネやルノワールの「ラ・グルヌイエール」の絵のようであった。

五〇分ほどの運河めぐりは、緑の公園に座る人々と、美しい川の流れの記憶を残して終わったのである。

私は以前から、ヨーテボリには一度は訪れてみたいと思っていた。念願はかなったのであるが、やはり、ヨーテボリは一日だけの滞在では惜しい街であった。

私たちは、中央駅の前にある、ノルドスタンという大型ショッピングセンターの一角にはいる中級ホテルに宿泊していた。チェックアウトの時のことである。

フロントには、ピンストライプのスーツを着て、長い金髪をきっちりとまとめた、細身の美女が三人並んで立っていた。彼女たちのビジネスウーマンらしい身なりと、振る舞いに感じいっていると、何とはなしにデンマークの、ロスキレのホテルのフロント嬢のことが思い出されたのだ。

やはり、チェックアウトの時のことである。絵葉書を投函してくれるように、現金とともに差し出して頼んだ。すると彼女は返事もしないで、にこにこと笑いながら私の日本語で書いた絵葉書をじっと見ているのだ。「投函してくれますか」と催促すると、ただ「ヤー」と答えるだけで、いつまでも笑っていたのだ。近ごろでは、海外からスマートフォンの動画を送ったりする時代で、絵葉書を見るのも珍しかったのかもしれない。

私は、あのフロント嬢のことを懐かしく思い出して、〝ゆる～い〟態度のデンマークの人々のことを、何故かしら身近に感じられたのであった。

帰国するために、バスでヨーテボリの空港に向かった。バスの窓から、山肌に立つ高級マンションと思われる建物群が見えた。二十数年も前に訪れた、イタリアのコモ湖にあるルキノ・ビスコンティの母親の別荘があったという、やはり山肌に立つ高級住宅群が思い出された。その風景に重ねて、ヘニング・マンケルもあの山肌の一画に暮らしていたのであろうかと思い、遠ざかるバスの窓からヨーテボリの街に別れを告げたのであった。

私は、デンマーク旅行の終わりの地として、ボーンホルム島を訪ねることを考えていた。しかし、やはりデンマークを含めて、北欧旅行の最後の地として、ヘニング・マンケルが住んでいた、このヨーテボリにしておいてよかったのだと思った。私が初めて北欧に目を向けるきっかけとなったのは、ヘニング・マンケルの小説であったからである。

スウェーデン

スウェーデン人の心のふるさと　ダーラナ地方

赤くペインティングされた木彫りの馬の置物を見かけたことがおありだろうか。スウェーデン旅行をしたことのある人の部屋には、必ずや、ダーラヘストと呼ばれるこの赤い木彫りの馬が置かれているはずだ。

この赤い木彫りの馬は、ダーラナ地方のシンボルともいえる。スウェーデン中部にあるダーラナ地方には、六〇〇〇もの湖があり、大半が森林地帯の高地にある。この地方で一番大きな、またこの地方の中心に位置するシリアン湖の周辺には、昔のままの姿を残した美しい村が点在している。ここで、この赤い木彫りの馬は作られている。

首都ストックホルムから約三時間のダーラナ地方は、スウェーデンのみならずヨーロッ

ダーラヘスト

パ中から多くの人が訪れるリゾート地でもある。特に六月の夏至祭のころや、毎年三月に行われるスキーのクロスカントリー大会には、多くの人がこの地を訪れて、ホテルを確保するのが難しいほどである。

また、セルマ・ラーゲルレーヴ作『ニルスのふしぎな旅』の本を覚えておられるだろうか。いたずら好きのわんぱく少年ニルスが、魔法をかけられて、小人になってガチョウの背に乗り、スウェーデン中を旅する児童書のことを。ニルス少年がガチョウの背に乗り旅立つのは、マルメのあるスコーネ地方である。また最後に戻ってきて、魔法が解かれるのもスコーネの地である。

スウェーデン中を旅するニルス少年が、ダーラナ地方にやってきた。そこで、私たちもニルス少年とともに、ダーラナ地方のムーラまでいっしょに旅してみようと思う。

ダーラナ地方は、スウェーデンの伝統をよく伝え、また民芸文化が守られたスウェーデン人の心のふるさととして愛されている地方である。多くの小説家や芸術家がここに移り住み、作品を通してダーラナの魅力を語っている。

『ニルスのふしぎな旅』の作者セルマ・ラーゲルレーヴは、一九〇九年、女性としてまた、スウェーデン人として初めてノーベル文学賞を受賞した。スウェーデン紙幣の二〇クローナ札には、彼女の肖像画が使用されており、紙幣の裏面にはガチョウの背に乗るニルス少年が見られる。この紙幣は新券発行により、二〇一五年に失効したが、私たちの旅行中はまだ流通していた。

さて、二〇一五年六月、私たち三人がスウェーデン旅行をした時の目的の一つが、夏至祭を体験することであった。

夏至祭はスウェーデン各地で行われるが、美しいダーラナ地方の、特にレクサンドの夏至祭が最も人気がある。

私たちはストックホルムを列車で出発したのだが、列車のチケットを確保するのに苦労した。夏至祭にはストックホルムに暮らす人々が、それぞれの故郷に帰りこの祭りを祝うために、また旅行者たちも、早くから列車のチケットを確保するからであった。

ともあれ、私たちの列車は、シリアン湖周辺の美しい村々に停車しつつ、ムーラに向かったのである。

六月一九日。金曜日。

ストックホルム発九時四五分のＩＣ（急行列車）に乗車した。最初の停車駅アーランダ空港駅に到着する。空港からストックホルム中央駅まで、直接行くことができる便利な駅である。列車は三〇分ほど走行して、一〇時二四分、ウプサラ駅に到着した。

ウプサラ

ストックホルムの生誕は、史料初出により一二五二年とされているが、ウプサラはこれよりはるかに古い歴史をもつ。五世紀から六世紀のものと推定される約三〇〇の古墳群が今も残っている。一一六四年に大司教座が設置されて、ウプサラは宗教的、政治的にもスウェーデンの中心地であった。

現在のウプサラは、北欧で最大規模を誇るウプサラ大聖堂のある古都、また北欧最古のウプサラ大学のある〝大学の町〟として知られている。

ウプサラ大学は、デンマークからの独立を願う国民感情を背景にして、一四七七年に創設された。その二年後にデンマークのクリスチャン一世はコペンハーゲン大学を創設した。

スウェーデンの大学といえば、最大規模を誇るストックホルム大学、学生数の最も多いルンド大学とこのウプサラ大学である。しかし、スウェーデン人にとって大学といえば、ここウプサラ大学のことを指すという。これはストックホルムより古い歴史を持ち、ノーベル賞を受賞した教授を最も多く輩出していることが関係しているらしい。

小説家、戯曲家のストリンドベリもウプサラ大学の出身である。また映画界の巨匠イングマール・ベルイマンはストックホルム大学の出身であるが、故郷ウプサラを舞台にして自伝的長編映画『ファニーとアレクサンデル』を撮っている。

しかし、ウプサラ大学の名を広く世界に知らしめたのは、カール・フォン・リンネである。一七四二年、リンネは植物学教授となり、植物の文類学の基礎を築いた。リンネの住まいと講義室を再現した博物館が、リンネ植物園内に公開されているという。

ウプサラにやってきたニルス少年は、友人のワタリガラスのバキタに次のように教えられる。

――この市をおさめるものは学問なのだよ。（「偕成社文庫」香川鉄蔵・香川節訳）

また、学生たちに向かって演説する老人は、

――人生でいちばんよいことは若いということで、しかも若いときをウプサラですごすことである、………ウプサラでこそおちついてよく勉強ができる。

と語るのである。

列車は森の中を進み、時おり湖が見えたかと思うとまた森の中を進んで行く。

ダーラナ地方の入口の町アヴェスタに一一時二一分到着した。

さらに列車は森と湖の中を一時間ほど走行して、ルン湖のほとりにあるファールンの町を通り過ぎる。私たちの乗るＩＣは、この駅には停車しないが、ストックホルムからファールン行きのＩＣやＳｎが走行している。ストックホルムから約二時間半である。

ファールン

ルン湖のほとりに昔の面影をそのまま残すファールンは、かつて銅山の町として栄えた。九世紀ごろに銅鉱脈が発見されて、一二八八年には既に操業していたことが知られている。一七世紀には世界の産出量の三分の二を占めるほどであったが、一九九二年に閉山した。現在は、このファールン銅山の内部を見学するツアーが催されているという。

スウェーデンは国土の五二%が森林地帯で、林業は重要な産業であるが、鉄鉱石などの天然資源が豊富なことから、世界有数の工業国である。

一三世紀半ばより一九世紀に至るまで、スウェーデンは世界で第一級の鉄生産国でもあった。銅、鉄鉱石の産地は、スウェーデン中西部に広がるダーラナ、ヴェルムランド州などと、ラップランド州の一部の地域である。

ここで、M・ヨート&H・ローセンフェルトの『犯罪心理捜査官セバスチャン―少女』

（創元推理文庫）のある場面を紹介しておきたい。

心理学者セバスチャンと刑事たちが、ヴェルムランド州にあるトシュビーに捜査のために赴くところからストーリーは始まる。銅の採掘を企てる鉱山会社と、鉱脈の近くに住むトシュビー住民の間で起こる物語である。

この鉱山会社は、トシュビー以外にもラップランド州のキールナ近郊にあるクラヴァーラで、鉄鉱石の採掘をしているのである。しかし、キールナ中心部の地下へ採掘が進み地面に亀裂が入り、地盤沈下が起きているという。

二人の刑事が、採掘現場を見に行く場面があるのである。

――水の流れを変えたもんだから、湖がひとつ、ほぼ干上がっちまい……いちばんの問題は……あそこの山……長さ五キロ、幅二キロ。あれは全部、鉱石、つまり選鉱をしたあとに残った無駄な石です。毎日、五万トンがあそこに吐き出される。

だが、あれが酸素に触れると化学反応が起きて、まだ残っている重金属が放出される。

……連中がここで採掘を続けるのは、あと二〇年ぐらいかもしれない。でもあれは何百年も、ひょっとしたら何千年も残るものです。

この話を聞いた刑事イェニフェルは、

——目の前には、広々とした、手つかずの、雄大な自然。背後には、重工業の世界。

と、ため息をつくのだ。

ニルス少年はというと、ファールンの町で、こんな話を聞くのであった。

若い鉱山主の男が、レクサンドの農家の美しい娘に結婚を申し込んだが断られた。明るいシリアン湖のほとりの緑のなかに住む娘にとって、（鉱山の）炉からでる煙はたえられないという。若者はファールンに帰り、そのことに初めて気づくのである。

——大きな鉱山の坑から、またそのまわりにある百基もの溶鉱炉から、重い、鼻をつくいおうの煙がたちのぼって、市全体を霧のようにつつんでいるのである。この煙は草木の成長をさまたげるので、あたりいちめんは、なにもはえていないはだかの土地である。

鉱山主の若者は、銅を作るのやめて、ファールンから離れたところに屋敷を建てることにしたという話である。

作者のセルマ・ラーゲルレーヴは、一八九七年ファールンに移住している。そして一九〇九年のノーベル賞受賞を機に、生家のあるヴェルムランド地方のモールバッカにもどり、ここで死去した。

ついでに書き加えると、ここはアンデシュ・ルースルンド&ステファン・トゥンベリ作『熊と踊れ』（ハヤカワ文庫）に登場する兄弟が、少年時代を過ごしたところだ。この小説はフィクションだが、内容はほぼ事実に基づいているという。ストックホルムから引っ越してきた兄弟の目に映ったファールンのさびれた町のようすが窺えるのだ。

再びルン湖を眺めて森の中に入り、いよいよシリアン湖が見えてきた。大きな湖だが、それでもスウェーデンでは七番目の大きさだという。

レクサンドに一二時五一分到着した。ここには明日訪れるのだと、白く塗装された駅の様子をしっかりと見ておく。かなりの人が列車を降りた。

列車はシリアン湖沿いに進み、一〇分余りでレートヴィークに到着する。ここはスウェーデン家具と陶器の産地として知られている町である。

シリアン湖が見え隠れするなか、とうとうムーラに一三時三四分到着した。

ムーラ

シリアン湖北部の湖畔に位置するムーラは、ダーラナ地方の中心である。人口はわずか二万人余りの小さな町である。ここが赤い木彫りの馬、ダーラへストの作られる町である。

この民芸品は、一八世紀初め、製材会社の従業員が、冬のあいだは早めに仕事を終えて、材木の切れ端で色々な動物を作り、手土産として子供たちのために家に持ち帰ったのが始まりだという。子供たちの間で、馬の木彫りが最も人気があったために、馬の木彫りを作るようになった。一九世紀になり、この木彫りの馬は赤く色付けされるようになったという。ムーラ周辺の村でも作られるようになり、次第に名物となっていったのである。

一九二八年、オルソン兄弟はこの民芸品を専門に作る工房を設けた。広くダーラナ地方のみならず、スウェーデンの代表的な民芸品となったのである。

ムーラからダーラへストを作る工房へは、バスで約一五分で行くことができる。

ＩＣが停車したムーラ駅は小さな無人駅で、ここからローカル列車で町の中心にあるムーラスタンド駅に行く予定であったが、接続する列車はなかった。私たちは、歩いて町の中心まで行くことになったのであった。

町の中心に一二〇〇年代に建てられたという古い木造の教会がある。

この教会の右手にヴァーサロペット博物館があり、左手にソーン美術館がある。これらがこの町の見どころである。私たちの今夜の宿は、駅の近くに予約してあった。

先にヴァーサロペット博物館に行くことにした。

教会の近くの広場に、画家、彫刻家のアンデシュ・ソーン作のグスタフ一世ヴァーサの彫像があった。その向こうに、ヴァーサロペット・スキー大会のゴール地点を示す二本の門柱が立っている。

ヴァーサロペット・スキー大会は、毎年三月の第一日曜日に行われる世界で最も過酷といわれるクロスカントリーのスキー大会のことである。セーレンの出発地点からムーラをゴールとする九〇キロのコースを、世界中から集まったスキー競技免許を持つスキーヤーが競う大会である。大会の前には、一般人の参加するレースや女性のみが参加するレースがあり、最後に本レースが行われるという。第一回大会は一九二二年に開催された。

ヴァーサ王に関する展示や、このスキー大会の記録などが展示されているのがヴァーサロペット博物館である。

ここで、なぜこのスキー大会が、グスタフ一世ヴァーサの名を冠するようになったのか述べておきたい。

グスタフ一世ヴァーサ

デンマーク王クリスチャン二世が、ストックホルムのガムラ・スタンの広場で、「ストックホルムの血浴」と呼ばれる大虐殺を行ったのは一五二〇年であった。

これを契機に反デンマーク闘争は激化した。

貴族グスタフ・ヴァーサは、一五一八年反デンマーク派として、ユトランド半島に流刑されていた。翌年ここを脱出して、一五二〇年カルマルに帰国した。帰国後、「ストックホルムの虐殺」事件により、父親と二人の叔父が虐殺され、また母や妹たちも投獄されたことを知る。このことを知ったヴァーサ（当時二四歳）は、反デンマーク闘争に身を投じることになるのである。

しかし、デンマーク軍は虐殺事件後、反乱指導者を追っていた。これを逃れるためにヴァーサは、ダーラナにやってきた。ダーラナの農民たちに蜂起を呼びかけるためでもあった。かつてダーラナの農民たちは、エンゲルヴレクトの指導のもとで、反デンマーク闘争を戦ったことがあったからであった。

一四三四年、鉱山経営者であったエンゲルヴレクトは、デンマークからの支配脱却を目指して、鉱夫や農民を指揮して蜂起した。エーリク七世のデンマーク勢を駆逐したエンゲルヴレクトは、スウェーデンの「王国統治者」の二人のうちの一人に選出された。エンゲルヴレクトは一四三六年に暗殺されたのだが、ヴァーサはこの平民指導者のことを尊敬していたのである。だから、ダーラナにやって来たのであった。

しかし、ムーラの農民たちはヴァーサの訴えを退けた。ヴァーサは村を去り、スキーでノルウェー国境へと向かった。

ヴァーサが去った後も、ムーラの農民たちの話し合いは続き、ついに祖国のために闘うことを決定した。二人の使者が、スキーでヴァーサの後を追い、セーレンでヴァーサに追いついた。このようにしてヴァーサはムーラの農民たちの力を借りて、デンマーク軍を退け、最終的にはスウェーデンをデンマークから解放したのである。
ムーラの農民たちの使者が、スキーでヴァーサに追いついたセーレンから、ムーラまでの九〇キロが、このスキー大会のコースになったのである。
ニルス少年は、レートヴィークのおばあさんの話を聞き、桟橋で聞いた歌の言葉を思い出す。
——貧しさにもめげず
忠勇、栄誉のこころ
いまにかがやくダラーナ
そして、最後の文句は、
——木の皮をパンにまぜた日もあるが
いざというときには、王さまでさえ
ダラーナ人を、たのみとするのだ
——ニルスは……グスターヴ・ヴァーサ王の話をすこしはおぼえていた

木造の教会の左手にあるソーン美術館に向かった。

アンデシュ・ソーン（一八六〇〜一九二〇年）はスウェーデンを代表する画家、彫刻家であり、幼少期をダーラナで過ごした。ソーンは欧米各地に住み、フランスやアメリカの国際文化サロンで活躍したが、ムーラを永住の地として、ここに戻ってきたのである。

彼の作品とともに、住居と庭が公開されているのだ。パリで印象派の影響を受けたと思われる油彩の人物や静物画が壁を飾っている。当時ソーンが使用していた家具が、そのままの状態で置かれていた。こぢんまりとした家を出ると、よく手入れされた美しい庭があり、この家とよくマッチしていた。

ソーンの家と庭を見学した私たちは、美術館の受付でもある事務所に再び入っていった。ここには大小さまざまなダーラヘストなどの土産物も置いているのだ。オフィスには三人の職員が静かに仕事をしていた。

私は何気なく、彼らの一人に尋ねてみた。

——私たちは明日、レクサンドに行くのだが、ムーラでもなにか夏至祭の行事が行われるのだろうか。

すると、今夜、村の中心でメイポールを立てる行事が行われるという。行ってみるべきだと教えてくれたが、ここから歩いて三〇分ほどかかるという。地図を出して場所を示してくれたが、歩いて行く自信がないと言うと、駅の裏にタクシーの事務所があり、予約をしておくと帰りも迎えに来てくれるというではないか。

かくして、たまたま質問したことによって、私たちは夏至祭の最大のイヴェントを見に行くことになったのであった。

夏至祭

キリストに洗礼を施したとされるバプテスマのヨハネは、キリストより六ヶ月早く生まれたことにより、六月二四日の夏至の日が生誕の日とされた。この日を聖ヨハネ祭としてキリスト教徒の間で祝われている。

しかし、この聖ヨハネ祭よりも夏至の祝祭の歴史は、はるかに古くから全ヨーロッパで祝われてきた。どちらの祝祭も、太陽が真上に至る夏至のころに行われるのは同じである。

キリスト教的には、神聖な太陽が天の頂点に達して静止したこの瞬間に、太陽に力を与えようと盛大な祝い火を焚くというものである。

デンマークでは、海岸や湖畔で焚火をするという聖ヨハネ祭の祝い方で、ノルウェーやフィンランドでも同様である。

スウェーデンの夏至祭は、六月の夏至に最も近い土曜日に行われる。私たちがスウェーデンに行った年は六月二〇日であった。前日の一九日とこの日は祝日で、デパートや一部のレストランも休業する。

夏至祭の風景

さて、私たちは予約しておいたタクシーで村の入口まで行ったのであった。

すでに祭りは始まっており、ヴァイオリンとアコーディオンの賑やかな音楽が聞こえてきた。子供たちが輪を作って踊っており、髪に花や白樺の葉で作った冠をつけた女の子たちの姿も見られた。

踊る子供たちの輪の中には、白樺の木に草花を飾った二〇メートルほどのメイポールと呼ばれる丸太が置かれていた。音楽が鳴りやむと、年老いた村人の一人が何やら話す。すると七、八人の男たちが掛け声をかけながら、手にした長い棒でゆっくりとメイポールを持ち上げる。長い時間をかけて一メートルほど持ち上げるのであった。

夏至祭の風景

それが終わると、またヴァイオリンとアコーディオンが鳴り響いて、子供たちや大人たちも輪になって踊りだす。再びメイポールが一メートルほど持ち上げられて、また音楽が始まるというふうにして、メイポールが完全に真っすぐに立てられるのは、真夜中近くになるという。

私たちが見学していた八時から一〇時ごろの間には、当然のことながら、メイポールは傾いたままであった。

この小高い丘の近くには民家が見えて、住民たちは家に戻ってはまたここにやってくるということを繰り返しているようであった。

真っすぐに立てられたメイポールは、一年を通してここに立って村人を見守ることにな

夏至祭の風景

るのである。

この夏至祭には、こんなロマンティックな言い伝えがあるという。

七種類の花を摘んで枕の下に入れて眠ると、未来の夫の夢を見るというのである。

ストリンドベリの戯曲『令嬢ジュリー』（一八八八年）では、下僕ジアンが令嬢ジュリーにこのように話すのである。

——今晩、真夏草の花を九つ敷いてお眠りにならなければ。そうすれば夢がかなうと申しますよ。お嬢さま。（『世界文学全集』毛利三弥訳）

この戯曲の舞台はまさに夏至祭の夜である。

またヨハン・テオリンは、スウェーデン東部にあるエーランド島を舞台にした小説を書いているのだが、『夏に凍える舟』（早川書房）は、夏至祭の始まる週から物語は始まる。

——彼らは夏至祭に押し寄せて別荘の鍵を開け、ハンモックを発掘して自然に近い田舎のくらしをする。そして八月が訪れるとみんな都会へもどっていく。

——少女たちが道端のヒナギクやクワガタソウを摘んでいた。伝統に従えば、一番効き目があるのは日没のあとで摘むべきなんだが。

摘んだ花を枕の下に入れて眠るという伝説は、花を摘むときは無言で摘まなければならないという。親しい友だちでも話してはいけないそうである。七種類の花か九つの花なのか、色々あるようではあるが、今もなおこの風習は続いているようなのである。

レクサンド

次の日の朝、思いがけなくもメイポールを立てる祭りを見学した私たちは、レクサンド行きの列車に乗るには、時間が充分にあった。

ムーラストランド駅の裏にあるシリアン湖のほとりを散歩した。また駅の時刻表で、ムーラ行きの列車がないことが分かった。「ヨーロッパ鉄道時刻表」には、ここのような地方のダイヤは掲載されていないのだ。

昨日乗ったタクシーの事務所には鍵がかかっており、無人のようであった。このことは、ムーラ駅まで再び歩いて行かねばならないということである。

私たちの泊まるホテルには、我々以外には二名の宿泊客がいるだけであった。ひまそうにしているフロントの男性は、ホテルの経営者かもしれないが、朝食のサービスもするのである。私が名古屋から来たというと、パソコンの動画を見せてくれたのであった。名古屋の松坂屋百貨店で、ダーラヘストの実作演と販売のイヴェントを行った時の動画である。スウェーデンのこのような静かな町で、日本の賑やかな百貨店の動画を見るのは、何とも不思議な感じがしたものだ。

私たちはICの停車するムーラ駅まで歩いて行った。三〇分ほど歩いたであろうか。ムーラ発一〇時二九分のSn（高速列車）に乗車して、白いペンキ塗りのレクサンド駅に着いたのは、一一時一〇分であった。

駅から町の中心までは少しばかり歩かなければならない。レクサンド駅にはコイン・ロッカーのような便利なものはなくて、町の中心にある観光案内所でスーツケースを預かってもらうことにした。私たちは今夜ストックホルムに帰らなければならないからである。

町の中心に一三世紀に建てられたという、玉ねぎ型のドームを持ったレクサンド教会がある。教会前の広場から音楽が聞こえてきた。民族衣装を着けた男女が、ヴァイオリンで民族音楽を奏でていたのであった。「ダーラナ狂詩曲」であろうか、音楽に疎い私には分からない。この曲を作ったのは、レクサンドに住んだヒューゴ・アルヴェーンである。

ヴァイオリンの演奏が止むと、説教台が置かれてスピーチが始まった。民族衣装を着けた村人や大勢の人たちが聞き入っていたのである。


私たちは、メイポールが立てられる芝生の広場に移動した。そこにはすでにメイポールが立てられていたのであった。

窪地になった広場には、野外ステージが設けられており、そこに座って、観光案内所で貰った夏至祭のプログラムを読んだのである。

前日の金曜日の一九時よりレクサンド教会で、祝賀式典が行われたという。その後にボートで冠リースをつけたメイポールが川を下って運ばれてくる。ボートが波止場に着くと、ポールの立てられる広場まで行列して進むという。

一九時四五分からメイポールを立て、ヴァイオリンの演奏やダンスが披露されるという。最後にスピーチがあると、プログラムには記されていた。

土曜日の、つまり今日のプログラムとしては、ボートクルーズの案内や、近隣の村で行われる祝祭の予定が時系列で記されている。二つの村ではメイポールを立てる行事が土曜日に行われるとあったのには驚かされた。このようなプログラムが、前もって入手することができていたならばと、少々残念に思ったのであった。

私たちが座ってメイポールを眺めていた時のことである。三〇代後半くらいと思われる日本人の女性が話しかけてきた。彼女もやはりレクサンドの夏至祭をみるためにやってきたのであった。

昨日の前夜祭をこの広場で見物したという。彼女の話によると、日本人のダンサーやミュージシャンのパフォーマンスがあり、日本のテレビクルーが撮影していたそうだ。

彼女は、ストックホルムから南へＳｎ（高速列車）で一時間半ほどのところにある、リンショーピンに住んでいる会社員だという。

昨夜泊まったホテルまで帰る予定のところが、迎えのタクシーが三時過ぎまでこないので、一緒に過ごさせて欲しいと言う。スウェーデン語の話せる彼女の申し出は、私たちにとっては有難いことである。まずは、一緒に食事に行くことにした。

彼女の住むリンショーピンは、モンス・カッレントフトの『冬の生贄』（早川書房）その他のシリーズ本に登場する女性刑事モーリン・フォシュの住む町である。

またリンショーピンは、スウェーデン国立科学捜査研究所（ＳＫＬ）のあるところでもある。北欧ミステリの読者ならば、このＳＫＬはよく知るところであり、スウェーデン中から事件解決のために、証拠物件などの分析依頼が集まるところである。

私はリンショーピンに住む会社員の彼女が、とても身近に感じられたのだが、彼女がモンス・カッレントフトのモーリン・シリーズやＳＫＬのことを知らなかったのは、意外でもあった。

リンショーピンの彼女は、自分の住むところへ帰って行った。

私たちは、シリアン湖そばにある野外博物館を見学したり、クルーズに出るボートを眺めたりして、その日はシリアン湖のほとりでのんびりと過ごした。

早めにレクサンド駅にもどり、列車の到着を待つことにした。

レクサンド駅のまわりには大勢の人たちがたむろしていた。昨日の前夜祭に行われたメイポールを立てる行事を見物して、ストックホルムに帰る人たちなのであろう。あるいはダーラナに住む友人たちに会いにやってきたのかもしれない。

ムーラの町では、ほとんど人影が見られなかった。町のところどころに置かれた、ひとの身長より大きな赤いダーラヘストも、どことなく所在なげなようすであった。

しかし、夜の七時を過ぎたレクサンド駅には、祭りの余韻を残した大勢の人たちが集まり、楽しそうにしていたのであった。

一九時六分発のＳｎに乗車して、ストックホルムに着いたのは二二時一七分であった。


ところで、エリーサベト・ノウレベックの『私のイサベル』（早川書房）という小説のことを紹介しておきたい。

主人公はダーラナ地方の出身で、ストックホルムの王立工科大学に通う女子学生である。

面白いと思ったのは、作者が主人公にこう言わせているところである。

――田舎にいたころは、目立たない地味な存在で、
また主人公の学生仲間のスーシーは、

――笑いながら私の田舎訛りを真似る。


そして男子学生にいたっては、ストックホルムの夏の素晴らしさを述べた後で、このよ

うに言うのである。

――けど、ボーレンゲ（主人公の出身地ダーラナの村の名前）のなにがそんなにすばらしいんだ？

　民族衣装とキーキー鳴るヴァイオリンか？

　今どきのストックホルムの学生たちは、ダーラナ地方のことを、このように言うものなのかと、思ったのであった。

ノルウェー

ベルゲン急行とフロム鉄道

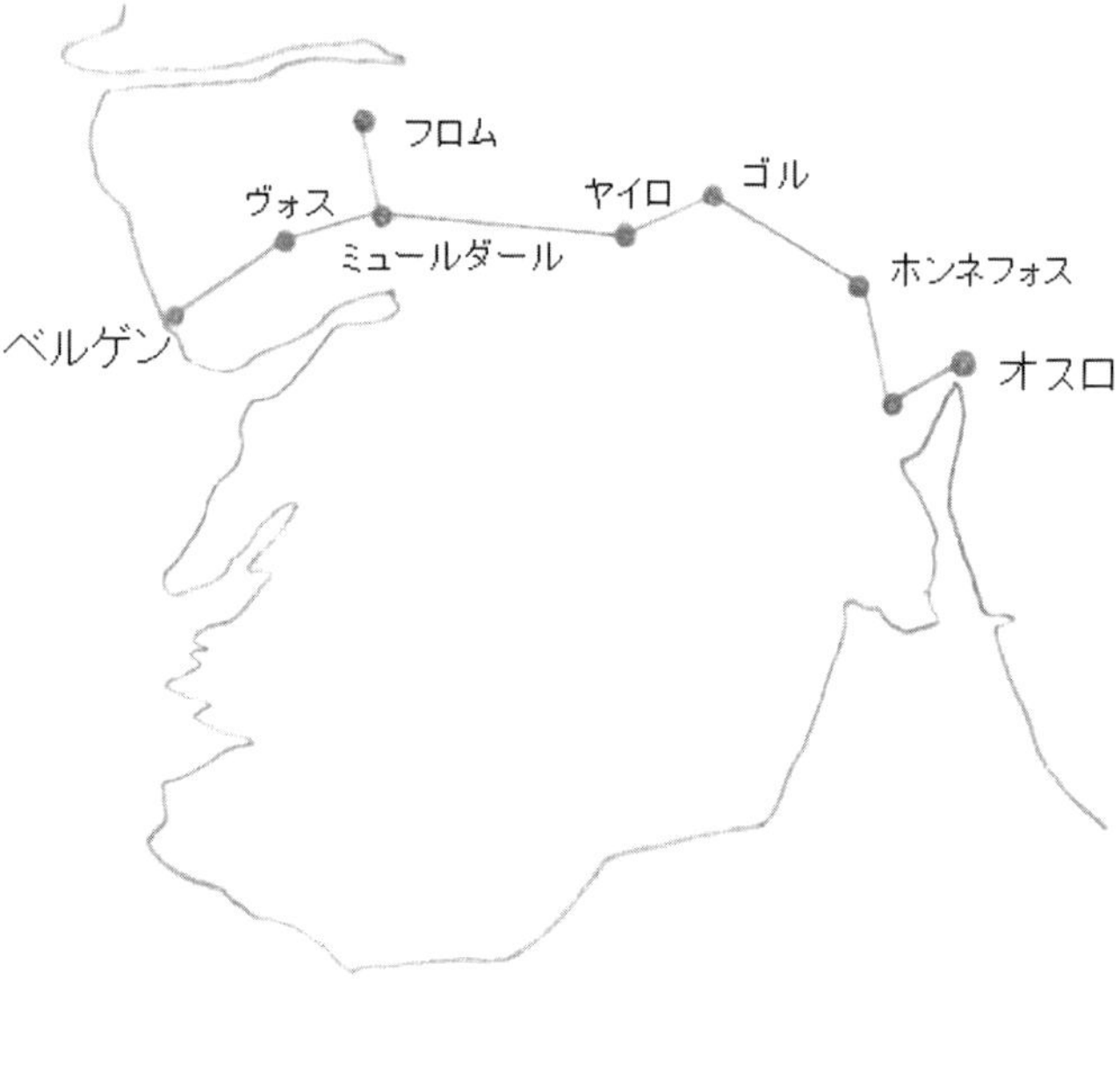
フロム
ヴォス
ヤイロ
ゴル
ミュールダール
ホンネフォス
ベルゲン
オスロ

私たちがノルウェー旅行に出かけたのは、二〇一六年の六月のことである。オスロからベルゲン急行に乗り、ミュールダールで乗り換えて、フロム鉄道に乗車するというのが、その時の旅の主な目的であった。ベルゲン急行に乗車する前に、オスロで三泊過ごしたのであるが、これが思いのほかよい滞在になったのである。

オスロ

ノルウェーの首都の名が再びオスロとなったのは一九二五年である。デンマークの支配下にあったノルウェーは、一六二四年の大火によって町は壊滅した。デンマーク王クリスチャン四世は、町の再建に取り組んだ。道幅一五メートルの通りを碁盤目に整えて、レンガ造りの建物で延焼を防ぐなどの防火対策を講じた。そして、町の名前を自身の名に因んで、オスロからクリスチャニアへと改名したのである。

一九〇五年、デンマークの支配下から、スウェーデンとの同君連合の時代を経て、ついに独立したノルウェーであったが、都市の名前はクリスチャニアのままであった。首都の名をオスロにもどしたのは一九二五年である。実に三〇〇年ものあいだ、オスロはクリスチャニアと呼ばれていたのであった。いつ頃建てられたものなのか、クリスチャン四世の像が、街のメインストリートであるカール・ヨハン通りに立っている。

私にはオスロの街で確認しておきたい場所があった。ホルメンコーレンのスキージャンプ台だ。ここには行ってみたい気持ちもあったのだが、観光プランを立てる上で諦めた。ジョー・ネスボが『スノーマン』（集英社文庫）で次のように述べているからでもある。

——雪はやんでいた。次いで、オスロのほとんど全域から見える、照明に浮かび上がっている記念碑へ目を移した。スキージャンプ台だ。

ほんとうにジャンプ台は、どこからでも見えたのである。わざわざ出かける必要はなかったのだ。ムンクの「叫び」の絵の舞台とされるエケベルグの丘に行った時にも見えた。ヴィグドイ地区へ行くフェリーの中では、このジャンプ台の写真を記念に撮っておいた。

なぜスキーのジャンプ台にこれほど拘るのか。それは、このジャンプ台が、小説『スノーマン』の緊迫感あふれる最後の舞台だからだ。ジャンプ台の近くにある「スキー博物館」を主人公のハリー・ホーレ警部が通りぬける。まるで、読者にこの博物館の内部を案内してくれているのかと思わせるほど、博物館の詳しい描写があるのである。

このジャンプ台のある丘から、オスロを一望する景色は一見の価値があるという。

ノルウェーは近代スキーの発祥の地であるが、一八七七年に最初のスキージャンプ競技がこのホルメンコーレンで行われている。

デンマークの章で取り上げた映画『ヒトラーに屈しなかった国王』の、ホーコン七世の当時王子であったオーロフ五世は、二度ホルメンコーレン・スキージャンプ大会に参加している。ジャンプ台の近くには、そのオーロフ五世（一九九一年没）の銅像が建てられているという。日本のスキーヤーにとっても馴染みの場所であろう。


ところで、ジョー・ネスボはオスロの街と人を、作品の中で詳しく描写している。巻頭には市街の地図が付されている。ネスボのデビュー作『ザ・バット』の舞台はオーストラリアである。私は、いつもある巻頭に付された地図で、シドニー市街にはハイド・パークやパディントン、キングス・クロスといったロンドンの地名と同じものがあることを初めて知った。そういったわけで、私はオスロに来る前から、すでにこの街をよく知っていたのである。どこに行ってもハリー・ホーレの足跡があるのだ。

私たちは、公共交通機関や博物館の入場などに使用することができる、二日間使用のオスロ・パスを購入して、街のあちらこちらに出かけた。オスロ・パスはシニア割引があり半額であった。半額といえば、ガーデモエン国際空港からオスロ中央駅まで乗ったエアポート・エクスプレス・トレインのチケットも六五歳以上は半額であった。

私たちがムンク美術館に行った日は、あいにく休館していた。特別展の準備のためだという。隣接する「叫び」ケーキの食べられる人気のカフェは開いていた。

しかし、ムンクの代表作「叫び」や「マドンナ」は国立美術館で、他のムンク作品とともに見ることができるのである。「叫び」の絵は、後に描かれたバージョンのものがムンク美術館にあるのだ。またオスロ市庁舎の二階には、ムンクの間というのがあり、大作「人生」の絵が飾られている。

私たちは、国立美術館に移動して、「叫び」の絵と対面したのである。

ムンクの絵は、「叫び」の絵しか知らなかった私は、他の作品を見ていくうちに、なぜかしらある「自画像」に惹きつけられていった。「タバコを手にした自画像」の絵である。後でもう一度、この絵を見るために、画集を買うことになってしまった。

レンブラントは五〇年間で、六十余点の自画像を残し、ゴッホもそれと同じくらいの自画像を描いた。私はそれらのうちの数点を実際に見ている。画家の自画像を見ると、思わずそちらに目がいってしまうのである。

ムンクやイプセンも通ったという、グランドホテル内にある有名なカフェは、改装中で営業はしていなかった。それでも、オスロは美味しいコーヒーの飲めるところである。チェーン店を展開するカフェ・ブレネリーエやフグレンには何度か通ったものだ。

オスロの書店の風景

カール・ヨハン通りに大きな書店があった。ストックホルムの中心街では書店を見かけなかった。街のメインストリートに、こんなに大きな書店を見つけた私たちは、店内に入って行った。すぐにミステリ小説の本を並べた棚を見つけることができたのである。それは、作者の名前がタイトルよりも大きく書かれていたからだった。スウェーデンのモンス・カッレントフトの作品が、すぐに目に止まった。

私は、レジにいる物静かな男性書店員に、店主かも知れないが、カリン・フォッスムの『湖のほとりで』（PHP文芸文庫）の本を見せて、この本を置いているかどうか尋ねた。

カリン・フォッスムは、ノルウェーでは人気のある作家であり、棚にはたくさん並べられていた。英語版もあったが、ノルウェー語版のこの本を買い求めて、書店員に書棚の写真を撮ってもよいか尋ねてみた。日本ではカリン・フォッスムの本は、この一冊だけが出版されているのだが、ネスボの作品はたくさん出版されており人気があるのだと話すと、彼は、ネスボの本とフォッスムの本を棚の前に置いたりして、よく見えるように並べ替えてくれたのだ。帰り際には、本のしおりをたくさんくれたのであった。

帰国した年の九月に、カリン・フォッスムの二冊目となる『晴れた日の森に死す』（創元推理文庫）が日本で翻訳出版されて、あの日のことが思い出されたのである。

私たちはオスロの街で、美術館以外にも、「イプセン博物館」やヴィーゲラン公園、フェリーでヴィグドイ地区に出かけるなど、充実した三日間を過ごしたのであった。


六月一七日。


いよいよベルゲン急行とフロム鉄道に乗る日がやってきた。

ベルゲン急行は、一九〇九年秋に全面開通した。オスロからノルウェー第二の都市ベルゲンまで四八九キロを約七時間かけて走行する。途中のフィンセ駅の標高は一二二二メートルだ。森と湖と山の眺望を楽しめるノルウェー屈指の景勝路線である。

私たちはオスロを朝早く出発して、ミュールダールからフロム鉄道に乗車した。翌日、ソグネフィヨルドのクルーズ船でグドヴァンゲンに行き、そこからはバスでヴォスに行ったのだ。そして再び列車でベルゲンに向かったのであった。従って、ベルゲン急行にはミュールダールからヴォスの間は乗車していない。

しかし、グドヴァンゲンからヴォスのバス路線は、これまで体験したこともないスリリングで印象深いものであった。鋭いヘアピンカーブが次々と現れて、バスの窓から見たはるか下の谷の風景は、絵心のある人にはたまらないだろうと思われる景色であった。

六月一四日にオスロのガーデモエン空港に夕刻到着した私たちは、その日のうちに中央駅にある、列車のチケット売り場に行った。一七日出発のベルゲン急行のチケットを買うためである。ベルゲン急行は、一日に四本しか運行されておらず、そのうちの一本は夜行列車である。私たちは朝一番の八時二五分発の列車に乗る予定であったが、指定席はすでに埋まっていた。六時二五分発のヴォス行きに辛うじて空席があり、やむなく朝早い出発の列車を予約することになったのである。

その日の四時半に起床した私たちは、六時にはオスロ中央駅にいた。ホテルで朝食をとることができなかったので、駅の売店でパンとコーヒーを買い求めた。

三番ホームには、赤い車両のシグナチュールと呼ばれる列車がすでに停車していた。シグナチュールとは、カーブが多く時速二〇〇キロの高速で走行するために、車体傾斜方式にした、車両の各々にモーターを装着した列車のことで、一九九九年に登場した。

この列車には、ファミリーカーが設けられている。車掌に尋ねたところ、私たちの乗車する車両よりも、ずいぶん先のほうであったので見学するのは諦めた。

ベルゲン急行

ベルゲン急行の列車は六時二五分オスロを出発した。

列車は、すぐにトンネルに入り、五分ほどでトンネルを抜けると、郊外の住宅街の風景が見えた。オスロから二〇分ほどで大きな駅に到着する。Ａｓｋｅｒとあった。きれいな駅舎と豊かそうにみえる住宅街。神戸の六甲山沿いに並ぶ住宅街が思い出された。まもなく住宅街は消えて、湖と渓谷の自然のなかを列車は進み、ホンネフォスに七時五三分到着した。ここから列車は標高一二二二メートルのフィンセまで登っていくのだ。トンネルを出たり入ったりしてゴルに九時二四分到着した。

客車入口の上に、現在地の標高と外気温度が表示されている。ここは二〇七メートルであった。犬を連れた二人連れの乗客が列車を降りると、やはり犬を連れた冬用のカーディガンにスカーフを巻いた婦人が乗り込んできた。

ゴルを出た列車は、高地を走行して一〇時五分ヤイロに到着した。七九四メートルまで登ってきたのだ。ここはウィンタースポーツの中心地だ。私は先に『世界の車窓から』（朝日新聞社）のDVDを見ていたので、スキーシーズンのこの駅の賑わいぶりを想像することができた。オスロからここまでは約三時間半で、東京や大阪から信州の山々にスキーに行くようなものである。

列車内では、乗客たちがセーターを取り出したりして、ずいぶんと冷え込んできた。しかし、私たちの斜め向こうの座席に座る若者は、半袖のTシャツ姿でスマホにかじりついており、通りかかる車掌も半袖シャツのまま

フィンセ

であった。

　ウスタオーセ駅に一〇時二二分到着。標高九九〇メートル。外気温度六度の表示があった。一〇時三〇分、ハウガストールに到着する。ここまで来ると木々の姿は消えて、荒涼とした岩場の風景に変わる。『世界の車窓から』には〝緯度の高いノルウェーでは、このあたりでもう森林限界を超えてしまう〟とあった。また映画『スター・ウォーズ　帝国の逆襲』のロケをこの近くで行ったという。

　いよいよフィンセに到着した。標高一二二二メートル。ベルゲン急行で最も高いところにある駅である。ここで二〇分ほど停車するというので、列車の外に出た。犬も乗客とともに降りていた。寒い。斜め向こうに座って

フィンセ湖の前で

いた若者もダウンジャケットを着て、ホームで煙草を吸っている。私たちはホームから降りてフィンセ湖の近くまで行ってみた。湖の後ろには、まだ雪の残る山が一八〇度広がっていた。

ここでアンネ・ホルトの『ホテル１２２２』（創元推理文庫）の本を紹介しておこう。

二〇〇七年二月一四日、オスロ発ベルゲン行き六〇一号の列車が、フィンセ駅を出て間もなく、トンネルに激突するというところから物語は始まる。事故により運転手一名が死亡。乗客たちは、フィンセ駅近くのホテル「フィンセ１２２２」に避難する。救助のヘリコプターが来るまでの三日間の間に起こる事件を描いた小説である。

オスロ発ベルゲン行き六〇一号は、オスロを一二時三分に発車する。フィンセに到着するのは、一六時二三分である。この時の模様を「本」は次のように記す。

——運転手は……外はマイナス二〇度なので二分間の停車中、ホームに出てタバコを吸うのは危険だと注意を呼びかけていた。

フィンセ駅を出ると、すぐに長いトンネルに入るのだが、「本」の主人公である元オスロ市警察部のハンネは、これを次のように憤るのである。

――十キロにもわたるトンネルだけでも、フィンセ湖を望む美しい景観が台無しなのに、長いトンネルの手前にもうひとつ数メートルの醜いトンネルがあった。

しかし、ハンネはこの短いトンネルのことを次のように考えたのである。

――長いトンネルを出た後、急激な気温の変化を和らげるために、通したものに思えた。

また作中には、

――後にこの事故は〈フィンセの大災害〉と名付けられることになる。

フィンセ駅のホーム

と、あるのだが、私にはこれが実際に起こった事故なのかどうか分からないのである。

ただ、「作者あとがき」には、次のように述べられている。

――この小説の舞台となっているホテル、〈フィンセ1222〉は今でも山の中できちんと営業していますので、読者の皆さん、ご安心ください。

列車は長い停車の後、フィンセ駅を出て、短いトンネルと長いトンネルに入っていった。トンネルを出たところで、私たちはビュッフェカーに行き軽食を取ったのであった。

列車はフィンセ駅を出ると、下りに入っており、一一時四八分ミュールダール駅に到着した。ここまで下ってきても、標高は八六五・六メートルである。

いよいよフロム鉄道に乗るのだ。

フロム鉄道

ドイツのガイドブックに「世界で最も素晴らしい山岳列車の一つに違いない」と紹介されているというフロム鉄道は、一九四一年に一般客用の運行が始まった。そして一九四四年の秋に電化された。全長二〇・二キロのフロム鉄道には、トンネルが二〇もあり、ショースフォッセン滝の水力で発電された電力で走行している。行程の八割が勾配五五パーミル（一〇〇〇メートル進むと五五メートル上がる）の急勾配で、山肌に沿って列車は走行するのである。

ミュールダールの駅には、すでにフロム鉄道のダークグリーンの列車が停車していた。大半の乗客がこの列車に乗り換えるようであった。広いホームで、一八〇度に広がる山岳風景を写真に撮っていると、ベルゲンからやってきた普通列車が到着した。そしてまた大勢の旅行者がフロム鉄道に乗り込んできたのであった。座席を確保できずに立ったままの人もいるなかで、列車は一二時一三分発車した。

これから標高八六六メートルのミュールダールから、標高二メートルのフロム駅まで八つの駅に停車しながら、険しい峡谷を下って行くのだ。

列車は峡谷の斜面を下りはじめて、いくつかの短いトンネルを抜けると、視界が大きく開けて、ラインウンガ湖が見えてきた。最初の駅ヴァトナハルセン駅に到着した。

ふたたび絶壁に沿って列車は進み、長いトンネルに入った。トンネルを抜けると、大きな滝が見えて、ショースフォッセン駅に到着したことが分かった。ここがこの路線のなかで、一番の見どころである。列車はこの滝を見るために、しばらく停車する。

ショースフォッセン滝

乗客たちは列車から降りて、そろってカメラを取り出す。落差九三メートルの滝がたてる轟音と水しぶきに誰もが圧倒されるのだ。

するとと滝の左手の岩の上に赤いドレスの女性が現れて、大音声で歌いはじめた。二、三人の歌い手が交代して歌っているのだろうか、赤いドレスの歌い手は、岩から岩へ場所を移して歌っていた。

私はノルウェーの森の妖精、トロルのことを思い出した。〝こびと〟のトロルが、美しい人間の娘と結婚する話なのだが、記憶はあいまいで、思い出せないのであった。

赤いドレスの歌い手は、〝こびと〟のトロルのことを歌っていたのであろうか。

フロム鉄道の列車

列車が発車するというアナウンスがあり、乗客たちはそれぞれ車内にもどって行った。私たちの座席の前には、オーストラリアからやってきたという夫婦が座っていたのだが、私たちの帰りが遅いのを、心配していたようであった。

彼らはフロムから一週間のフィヨルド・クルーズに出かける予定だという。私たちが、二時間半のソグネフィヨルド・クルーズをする予定だと話すと、たった二時間半のフィヨルド見物？　と言って、笑ったのであった。また彼らの娘が大阪に滞在しており、日本に行ったことがあるとも話していた。予算も時間もたっぷりありそうな彼らの旅を、少し羨ましく思ったのであった。

ショースフォッセン駅を出た列車は、ふたたび長いトンネルを抜けて、ブロムヘラー駅に到着した。ブロムヘラーとはノルウェー語でトロルの雪崩という意味で、ここは雪崩や落石の多いところだという。ちょうどこのあたりで、列車は行程の半分ほどを下ってきたことになる。

列車はさらにトンネルを出たり入ったりを繰り返して、ぐんぐん下って行くのであった。

ノルウェーで最も高い滝であるリョーアンネフォッセン滝（一四〇〇メートル）が右手に見えてくると、もうフロム鉄道の終わりに近づいたと感じさせられるのだ。滝を後ろに見て、ホーレイナ駅に到着した。標高はもう四八メートルだ。

車窓の風景はもはや一変して、川沿いに人家や農場が、一直線上に見通すことができるようになるのであった。

列車はなお五、六分ほど走行して、フロム峡谷を抜けたのであった。

一三時一〇分、終点のフロム駅に到着した。プラットホームの先にアウルランフィヨルドが広がり、桟橋には大きなクルーズ船の姿が見られた。


フロムに着いた私たちは、ここで一泊したのであった。

「フロム鉄道博物館」を見学して、鉄道を敷設することの苦労を知った。ここで買い求めた『フロム鉄道』という冊子は、私の貴重な旅の思い出となった。

オーストラリア人のカップルには笑われてしまったが、私たちはフロムからグドヴァンゲンまでの、二時間半のソグネフィヨルド・クルーズを楽しんだ。屹立する鋭い山あいをぬって進む船の旅はすばらしかった。ヴォスから再びベルゲン急行に乗車して、ノルウェー第二の都市ベルゲンで二泊したのであった。

この年の旅は、鉄道の旅を満喫して、またクルーズ船でノルウェーの自然をたっぷりと感じるという、ほんとうに旅らしい旅であった。同行の梅田さんや吉津さんは、北欧のなかで一番気に入ったところは、やはりノルウェーだったと言う。ベルゲン急行やフロム鉄道に乗車して、またクルーズ船で北欧らしいフィヨルド見学をするという、旅の定番ともいえるものが悪かろうはずはないのだ。

おわりに

さて最後に、私の海外旅行についての思い出を幾つか話しておきたいと思う。

異国の車窓から見た風景は、どの場面を思い出しても懐かしいものがある。なかでも十数年前に、フランスで乗ったローカル列車のことが忘れがたい。

マルセイユに一週間ほど滞在していたことがあった。そのときに、『フランス鉄道の旅』という本で読んだ、ミラマスというところに行ってみようと思ったのだ。マルセイユ発九時一〇分の普通列車に乗車した。この四三分間を走行するのが、コート・ブルー線と呼ばれる景勝路線である。列車に乗ってみたところ、私には見たこともないような、まさに紺碧というにふさわしい、青い海に沿って列車は走るのであった。この時の車窓から見た海の色と街の佇まいは、ほんとうに忘れがたいものになった。

また、私はイギリスが最も好きな国の一つなのだが、ここにはセトル・カーライル鉄道というのがある。これはリーズとカーライルを結ぶ一一六キロの鉄道である。私は地図を手にして停車する駅を一つ一つ確かめながら、飽きることなく車窓からの風景を眺めたのであった。このセトル・カーライル鉄道のキースリー駅から出ている、キースリー&ワース・バレー鉄道には二度乗車している。いずれもハワースを訪ねるためであったが、この路線もまた、もう一度乗車してみたいと思わせるものであった。

ドイツでは、ミュンヘンからオーストリアのインスブルックに行く路線がある。この路線にはローゼンハイム経由とミッテンヴァルト経由の二つの路線があるのだが、ミッテンヴァルト経由で、またローカル列車で行くことをすすめたい。

ミッテンヴァルトはオーストリアとの国境の駅であり、ここまではドイツの誇るICE（超特急列車）が走行している。しかしミュンヘンからのローカル列車に乗れば、ルードヴィッヒ二世を偲びながら、シュタルンベルク湖もゆっくりと見ることができて、またバイエルンアルプスの山並みを存分に眺めることができるのである。

さて、ミッテンヴァルト駅を発車して、海抜九六四メートルのシャルニッツ峠を越えてインスブルックまで下って行くのだが、ここからがこの路線の味わいどころである。山肌に沿って走行する列車は、ほとんど垂直といってよいほどの断崖の上を走っているのだ。はるか下に広がる風景と、スリリングな感覚は忘れがたいものである。ノルウェーのグドヴァンゲンからヴォスに行く時に乗った、バスの窓から見たはるか下の谷の風景や、鋭いヘアピンカーブを曲がるスリルを経験したおりに、この時のことを思い出したのだった。

こうした車窓から見た風景はいずれも忘れがたいものである。しかし、ほんの些細な旅で出会った、ひとコマの場面も同様に記憶に残されるものなのだ。

例えば、オーストリアのハルシュタットに向かう列車のなかで出会った青年がいる。そう言えば、この時のアットナンク・プッハイムからハルシュタットに向かうローカル路線もとても美しかったのを思い出す。同じコンパートメントに乗り合わせた青年と少し話をした後で、同行の友人が、日本から持参した黒糖飴を差し出したのである。その時の顔を赤らめて、ノー、ノーと言って手を振り、恥ずかしそうにしていた青年の顔。

また、イギリスのセント・パンクラスから乗った、パリに向かうユーロスターの車中で出会った若い女子学生たち。梅田さんや吉津さんに、「さぁいよいよパリだから、フランス語を話さなくてはね。メルシーボークーと言ってみて、お勘定をお願いしますは、ラディシオン、シル　ヴー　プレ　というのよ」と話していたら、通路を挟んだ隣の女学生たちが、くっくっと笑ったのだった。そして彼女たちもフランス語会話の本を取り出した。

そこで、私たちのほうに顔を向けてにこっと笑ったのである。

こんな他愛もない場面が記憶に残っているのだ。


映画を見て、その時々の旅行のことを懐かしむこともある。

クリント・イーストウッド監督の『15時17分、パリ行き』を見たときのことである。

映画に登場するワインレッドの〝タリス〟（車両の名前）に私も乗車したことがあった。

映画を見て帰宅すると、さっそく時刻表を取り出してアムステルダム発一五時一七分、パリ行きの列車が、今も運行されているのか確かめた。実際にこの時間にアムステルダムを発車しているのを知って、私は十数年前のオランダ旅行のことを、あれこれと思い出したのだった。


友人たちと出かける海外旅行は、旅程がわずか一〇日足らずという短いもので、そのうえに低予算という制約があるのだ。それでも工夫次第で、自分たちらしい個性を持った旅はできるのである。

イギリスではパブに行ってみたいと思ったが、女たちの旅行者がパブには入りにくい。

それでも、ロンドンのパブ「シャーロックホームズ」や、リヴァプールのビートルズゆかりのパブ「キャヴァーン・クラブ」には、気楽に入ることができるのだ。またダブリンで「ミュージカル・パブ・クロウル」というツアーに参加した時は、まとめてパブめぐりができて、そのうえに民族音楽つきという楽しいものであった。

ポーランドでは、ショパンのピアノ曲を演奏するコンサートに行ってみたいと思い会場を探してみた。そしてクラクフのショパン・ギャラリーで望みをかなえることができた。そこはショパンの肖像画に囲まれたほんとうに小さな部屋で、ショパンコンクールで優勝したことのある若いピアニストの青年が、私たちのほんの目の前で演奏するのであった。ワンドリンクがついて、料金は僅か一八〇〇円くらいであった。

低予算とは言え、イギリスのケンジントン宮殿の美しい庭園内にある「オランジュリー」で、アフタヌーンティーを楽しんだりはするのである。コペンハーゲンにあるレストラン「ノーマ」に行く予定はないのだが、「ロイヤル・コペンハーゲン」本店の中庭にあるカフェ、「ロイヤル・スムーシ・カフェ」には、行ってみるのである。

いろいろ旅の記憶を辿ってみたが、最後に、旅の途中で訪れた、その国の作家に関連した記念館の名前を列挙して、この本を終えることにしたい。

ドイツ
ブッデンブロークハウス（トーマス・マン兄弟記念館）
ゲーテハウス
ギュンター・グラス・ハウス
森鷗外記念館（ベルリン留学中に滞在していた下宿の建物内）

イギリス
シェークスピアの生家
（エミリー）ブロンテ博物館
ワーズワース博物館
チャールズ・ディケンズの家
ジェーン・オースティン・センター
ビアトリクス・ポター・ギャラリー

アイルランド
バーナード・ショーの生家
ジェイムス・ジョイス・タワー
「タウンハウス・ゲストハウス」（小泉八雲が住んでいた建物を利用したゲストハウス内に展示コーナーあり）

イタリア
ダンテの家

ノルウェー
イプセン博物館

チェコ
フランツ・カフカ博物館　カフカの生家

ロシア

ドストエフスキーの家博物館

チェーホフの家博物館

上海

魯迅故居

魯迅記念館

著者プロフィール

福地 晶子（ふくち あきこ）

兵庫県出身。
大学の国文学科卒業。
職歴：出版勤務、高等学校講師、学習塾経営など。
現在、愛知県在住。

コウノトリのいるデンマークは幸せの国？

―本と映画で北欧の旅―

2023年９月15日　初版第１刷発行

著　者　福地 晶子
発行者　瓜谷 綱延
発行所　株式会社文芸社
〒160-0022　東京都新宿区新宿１－10－１
電話　03-5369-3060（代表）
03-5369-2299（販売）

印刷所　株式会社フクイン

ISBN978-4-286-24429-7